谨以此书献给

中国共产党第十八次全国代表大会

履职故事

走近党代表

是“草根”，也是英雄
有“闯”劲，也有担当
爱家人，爱党员，爱群众
我是“康巴铁汉”
我是“小巷总理”
……
我们来自东西南北中
我们是党代表

祝灵君等 著

党建读物出版社

阿吾才哇素描

小时候被称为“歪着脖子的红脸孩子”，长大后宽厚的臂膀撑起厚厚的藏袍，眼睛里透着雪域高原般的纯洁，经常戴着红色的英雄结，讲话时嘴角总是挂着憨憨的微笑，举手投足之间有一股平和的气息，他就是号称“康巴铁汉”、2010年“感动中国十大人物”之一的抗震救灾英雄——青海省玉树县结古镇扎西大通村第三社社长阿吾才哇。

才哇是贫苦牧民的儿子。父亲没有给他留下什么物质财富，却给他留下了一句“名言”——宁要一百个朋友，也不要一个敌人。才哇积极发展社办企业，办砖厂、建打麦场，带领本社、本村牧民致富，在群众中享有很高的威望，并以最高票数当选为社长。才哇并不想当“官”，他逃避了两个多月，最后还是推不掉。

2010年4月14日早晨7点49分，玉树发生大地震，一切被夷为平地。刚从工厂的废墟中走出来的才哇，看到身边哭喊求救的人群，义无反顾地投入到抢救灾民中去。没有工具，他就带人不停地用手扒、刨，把一个个乡亲从废墟中救出来。地震之中，3位亲人失去了生命，他坚持履行社长的职责，安置群众、协调食物，甚至都顾不上料理家人后事。他的事迹感动了青海省委书记强卫，面对灾难，二人相拥而泣，才哇给书记行上只有亲人才有的“碰头礼”。

才哇先后当选为玉树县、玉树州、青海省党代表，并在2012年5月青海省第十二次党代会上当选为党的十八大代表。为了参加十八大，才哇多方收集社情民意，他最关心的是民族地区的教育、交通、集体经济等问题。

就是他，才哇，用他那山一般的脊梁为乡亲们撑起了一片蓝天！

杜洪英素描

她的家乡是有“小延安”之称的山东莒南，这里孕育了13698名八路军，66740名抗日自卫队员，761名英雄儿女为国捐躯。英雄的土地滋养着英雄的儿女。她父亲是1938年入伍的老革命，参加过抗日战争和解放战争，南下后担任过浙江省玉环县委组织部副部长，后因公负伤在家长期休养。父亲高大的形象一直激励着她淡泊名利、大爱无私。

33年前，她远离山东老家，只身来到玉环县委组织部，从事档案管理工作。临走时，父亲再三叮嘱：“没做好档案工作，就别回老家。”抱定了“不给父亲丢脸，不让家人失望”的决心，她在档案室一“趴”就是30多年，硬是在小小的档案管理室里书写了精彩人生。这就是台州市、浙江省党代表——“档案天使”杜洪英。

2012年6月，作为浙江省第十三次党代会党代表，杜洪英提出设立“浙江省（玉环）国家级对台交流合作试验区”的提案引起了与会代表的高度关注。杜洪英也当过人大代表，作为代表，她积极为群众代言，为政府提建议，在人代会上多次提出议案，几乎都被当地政府采纳。在她看来，尽管自己只是一个小小的档案员，可一当上代表，就没有不替党员、群众说话的道理。

这就是她，杜洪英。在她的身上，我们可以读到革命理想主义与平凡坚守精神的传承，传统美德与政治品德的交融，家庭幸福与社会和谐的协奏。

张国庆素描

一次偶然的工作借调，张国庆从一名 35 岁的工厂职工变成了以前在她眼中只有退休人员才会去干的社区工作人员，在长沙市天心区金盆岭街道扫把塘村（后更名为天剑社区）居委会主任的岗位上一干就是 20 多年，被媒体和一些国际机构誉为“小巷总理”、“中国民间禁毒第一人”。曾经有一段时间，社区 20 余名刑释解教人员和戒毒人员每逢春节就备感失落，她请大家到她家吃团圆饭，大伙有感而发，称她为“难民营营长”。

自称“当家三年狗都嫌”，但每到换届选举时，社区居民最担心的就是上面把她调走。对此张国庆明确表态：“我的后半生除了扫把塘就是火葬堂。”中央综合治理委员会领导来调研时指出“全国都应该学习天剑社区的经验”，居民把这句话视为“一百万元都买不来”的荣誉。

她一周 7 天基本都泡在社区，如有外出，就提前张贴告示。家里的钥匙有 6 把，5 把在社区居民手中，不用打招呼直接可以进屋。女儿“埋怨”她从小学到中学的家长会一次都没有去参加，丈夫“忍受不了”这个工作狂……

曾逐级当选为区、市、省级党代表，在省党代会上选举全国党代表时，张国庆原以为自己是来“撑盆”（湖南土话，指“陪选”）的，结果竟连续当选为党的十七大、十八大代表，欣喜之余又感责任重大。当选党的十八大代表后，她收到大量外地党员群众的意见和建议，要求帮助带到北京去。目前，她正在湖南各地调研，积极准备参加十八大。

林永明素描

传说山东人沈老八在关东一带闯出了名气，后人把他所在的村称为沈八村。沈八村哺育了一位身强体壮、皮肤黝黑的东北汉子：一年到头紧跟农时，每天凌晨三点半匆匆扒几口饭便去地里忙活，和刚上小学的儿子一个月见面都不超过 10 次，刚 40 岁出头，头发却白了大半。他就是黑龙江省哈尔滨市呼兰区大用现代农业农机专业合作社理事长林永明。

14 岁辍学参加劳动，为学开车（当时呼兰县仅有三四台汽车），黏着汽车师傅追着车跑，17 岁拿到驾照；21 岁与朋友东拼西凑 3200 元合伙买车搞运输，掘到第一桶金。

林永明在大用镇地面熟、影响大，全镇绝大多数农户与他的合作社有业务和经济往来；省农委主任为了“摸底”，悄悄到他的合作社搞调研，听到的都是乡亲们的交口称赞；林永明不是村委会主任候选人，名字却被乡亲们填在了“另选他人”一栏，获得的选票比候选人都高。

东北的气候冬长夏短，农事紧，为此他几乎不讲“规矩”，经常不顾前面排队等候的干部，直接敲开区长办公室大门要求解决问题。2010 年入党，党龄不长，却在 2011—2012 年四级党委换届中先后被推选为镇、区、市、省党代表。参加党代会次数越多，他越感到身上的担子重、责任大。

林永明自称大字不识几个，却句句离不开合作社、沈八村、乡里乡亲——纵使一身疲惫，仍昂首前行……

陈炎连素描

广东省中山市，因孙中山先生而得名，素以“敢为天下先”的精神闻名遐迩。中山市横栏镇以“中国花木之乡”的美誉蜚声海外。在这里，一位花农用勤劳和汗水叙写着以花聚友、以花致富，“使每个花农都成为精英”的多彩故事。他就是人称“花木功臣”的三沙花卉协会会长陈炎连。

他小时候家里很穷，后来搞水产养殖，一天到晚都要守在养鱼塘边，风险大不说，陪家人时间也少，日子还是过得很清苦。

30 多岁时，他开始搞花卉种植，种植茉莉花赔了钱，损失惨重，痛定思痛，立志要“在茉莉花上翻身”。他的妹妹陈连娇是蹼泳世界冠军，曾连续打破世界纪录。父亲鼓励他，妹妹拿金牌，你也要拿奖牌。于是，“做不了蹼泳冠军，也要努力争取荣誉”就成了陈炎连为自己加油打气的动力。

他做事细致，待人真诚却不失原则。给工人买保险，每年多发一个月工资并带薪休假 10 天，叫人心顺气顺，许多外省籍工人连续干了八九年都不舍得离开。花卉协会成立党支部，他是书记。协会的党员培训基地成了中山市农村基层党员示范基地和中山市委党校农业科技课程培训基地。

陈炎连年过半百，在当地德高望重，参选人大代表和党代表时都以高票当选，他的承诺是“宁做义务‘官’，不做有钱‘官’”；他协助推行土地反承包，把分散的养殖塘改造为花木基地以提高收益，许多农民不懂花卉种植技术，不愿改，他话不多，只是说：“你不懂，我教你。”不久，土地反承包的做法在全省推行。

目　录

在党的一大上，有人没有投陈独秀的票。一些五大党代表当选为中央委员或候补委员后，自认为资历和能力不够，主动请辞。一位七大代表回忆，七大选举是民主集中制的完美典范。八大前夕，毛泽东提出，是否可以仿照人民代表大会的办法，设党的常任代表，八大二次会议就是实践这一思想的突出体现。十一届三中全会以来，党内民主继续前行。目前，党代会常任制已在一些县（市、区）试行，党代表任期制已在全国推行。

党代表选举有自己的方式和鲜明特点，没有德才的人当不成代表。农民工也能当代表。党代表在选举时，要经过候选人提名、预选、正式选举等程序环节，要经过选票、民意和组织纪律的严格考验，而任何一道关口跨不过，都有出局的可能。

第二部　党代表有权也有责……/ 43

党代表一样也能“当家作主”。他们审议党委和纪委的报告；他们在基层汇集民意向党代会提交提案；他们应邀列席常委会；他们当上了“大众评委”，可以参与选拔干部；他们也有自己的“民事诊所”。

第三部　重服务还要会服务……/ 65

法国人民运动联盟总书记贝特朗的办公室里有一块“为人民服务”的中文牌匾，因为他高度认同中国共产党人的根本宗旨——全心全意为人民服务。服务党员群众是党代表的天职。基层工作是一本难念的“经”，但五位党代表却把这本“经”念得朗朗上口。

五位党代表的群众工作经验表明：如果党代表自己不能致富，或者致富后不带着群众一起致富；如果不坚守公平，关心困难群众；如果不善于给党员群众以荣誉……那他就不可能在基层有号召力。始终与老百姓手牵手、心贴心，共同富裕、共赴患难、共创辉煌，是党代表赢得群众爱戴的诀窍。

发展党内民主是一个不可逆转的历史趋势，而党代表是实现党内民主的“桥梁”。五位党代表的履职故事，仅展现了党内民主生动实践的一个侧面，恰如长江水中的一朵浪花。而千万朵浪花汇聚在一起，必将共同推进党内民主大潮继续稳步向前。

履职故事：走近党代表

引　子

在党的一大上，有人没有投陈独秀的票。一些五大党代表当选为中央委员或候补委员后，自认为资历和能力不够，主动请辞。一位七大代表回忆，七大选举是民主集中制的完美典范。八大前夕，毛泽东提出，是否可以仿照人民代表大会的办法，设党的常任代表，八大二次会议就是实践这一思想的突出体现。十一届三中全会以来，党内民主继续前行。目前，党代会常任制已在一些县（市、区）试行，党代表任期制已在全国推行。

党内民主是党的生命，对人民民主具有重要的示范和带动作用。

——摘自党的十六大报告

1921年7月23日，在中国近现代史上注定是一个不平凡的日子。这一天全国各地的共产主义小组或共产党的早期组织选出13名代表，他们汇聚于上海法租界望志路106号（现兴业路76号），代表全国50多名党员召开了中国共产党第一次代表大会，从此宣告中国出现了以马克思列宁主义为行动指南的统一的无产阶级政党。这一天在历史上永远定格，自从有了中国共产党，中国革命的面貌就焕然一新。

中国共产党第一次全国代表大会会址

在那个多灾多难的年代，中国共产党对内要消除内乱、打倒军阀、建立国内和平、实现人民解放；对外要推翻帝国主义压迫，达到中华民族完全独立，统一中国为真正的民主共和国。革命的理想如此宏伟，革命的空间与现实力量必须不断扩大。因此，党从1923年三大以来，建立国民革命联合战线，积极开展工农运动，掀起了大革命时期一浪又一浪的革命高潮。但大革命以失败告终，中国共产党领导的无产阶级革命在曲折中发展，历经土地革命战争——抗日战争——解放战争，直到1949年10月宣告中华人民共和国成立。

正如列宁所说，“没有民主，就不可能有社会主义，这包括两个意思：（1）无产阶级如果不通过争取民主的斗争为社会主义革命作好准备，它就不能实现这个革命；（2）胜利了的社会主义如果不实行充分的民主，就不能保持它所取得的胜利”[①]。中国共产党在成立之初就认识到民主对于无产

① 列宁：《论面目全非的马克思主义和“帝国主义经济主义”》（1916年8—9月），《列宁选集》第2卷，人民出版社1995年版，第782页。

阶级政党的重要价值，因此除了积极领导民主革命外，还大力推进党内民主。

随着党员人数的逐渐增多，党如何在增强纪律的同时又能把党内的积极性调动起来呢？对此，列宁提出了他自己的看法：一切政治问题都用征询全体党员意见的方式来决定是不可能的；这将是永无休止的、劳神费力的、毫无成效的表决。但是，为了贯彻民主制，极重要的问题以及那些同群众本身的一定行动有直接关系的问题，不仅必须用选派代表的方式，而且必须用向全体党员征求意见的方式来决定。[①]中国共产党也接受了这一看法。自建党之日起，党代表这个词就与党内民主紧密相连，而党代表履职也就成为中国共产党党内民主重要的实现形式之一。

一、七大选举是民主集中制的完美典范之一

中国革命在黑暗中摸索并不断找到光明，中国共产党党内民主步伐也伴随着革命道路的探索而不断前行。在探索过程中，党内民主在一步一步走向规范化、科学化，同时也出现过若干小插曲。在今天看来，这些细节显示出当时党内民主尽管还很稚嫩，却符合事物发展的基本规律。

在党的一大通过无记名投票选举政治局时，党代表刘仁静并没有按照共产国际代表马林的要求选择规定的候选人——陈独秀，而是认真地投给了李汉俊一票，以至于几年以后蔡和森还开玩笑说这一票独具历史意义。

在党的五大上，陈独秀的报告在党内引起了争议，瞿秋白率先对陈独秀提出了批评，紧接着蔡和森、任弼时也提出了不同观点。而年仅 24 岁的团中央书记任弼时敢于批评年龄长自己一倍（48 岁）且是党的总书记的陈独秀，这在党内引起了轰动。这次大会上还有 38 名代表签名要求发言，表达自己的观点。五大的选举中，有一些代表自认为资格不够，能力不强，主动要求辞去中央委员或候补委员候选人。纺织女工出身的党代表张金保在得知自己被提名为中央委员候选人后一再推辞。瞿秋白的夫人杨之华在得知自己当选为中央委员后也坚决请辞，结果在大家一再劝说下才勉

① 列宁：《社会民主党和杜马选举》（1907 年 1 月），《列宁全集》第 14 卷，人民出版社 1988 年版，第 250 页。

强接受[①]。

党的七大是在革命战争年代党内民主实践的典范之一。首先，七大代表的选举经过了层层推选、审查，有着广泛的代表性。1940 年开始，中央就成立了代表资格审查委员会，对党代表资格进行逐个审查。这次一共产生正式和候补代表 755 人，代表了全国 121 万名党员。七大代表选举完成以后，中央要求各地代表陆续集中到延安，1940 年 5 月李大钊的长子李葆华在战友陪同下星夜赶往延安参加会议，不幸遭到日军伏击，一名随行的代表坠入深沟壮烈牺牲。62 年后党的十六大召开，已过古稀之年的李葆华还深情地说，“为什么大家这样冒死也要去开这个会？因为党的代表大会实在太重要了，它往往成为革命和建设的历史转折点”[②]。由此可见党代表对自己神圣职责的高度重视。

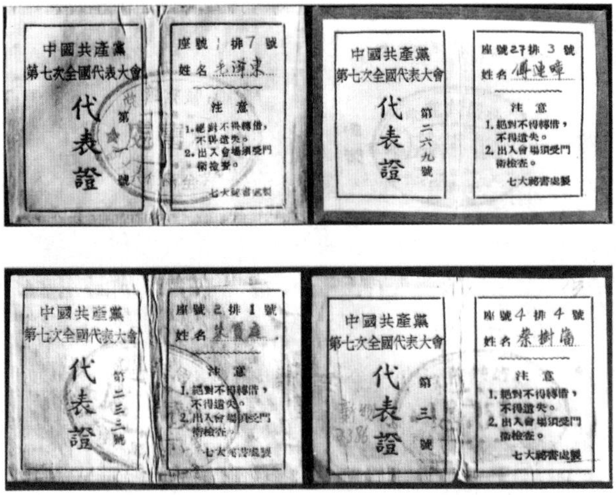

党的七大代表毛泽东等人的代表证

七大上，毛泽东脱稿作了充满激情、风趣幽默的口头报告，引来了阵阵掌声和笑声。代表们都被毛泽东的民主作风所感染，大会并没有按照原定的发言人数发言，几乎所有代表都在不同会议上发言，一些因病不能出席的代表还写了书面发言稿。在发言中，一些代表提意见时指名道姓，毫不客气。大会在选举新的中央委员会时体现了高度民主基础上的高度集中。比如，大会增加了候选人的提名程序，并在候选人提名中增加了预选，预选中引入自由提名。具体程序安排上，先由各代表团提出初步名单，再由主席团以此为基础提出预选的候选名单，交各代表团充分讨论后进行无记名投票的预选。在预选结果的基础上，主席团再提出正式候选人名单，由全体代表投票正式选举。即使在正式选举时

① 转引自李颖：《党代会现场：99 个历史深处的细节》，党建读物出版社 2012 年版，第 76、77、78、87 页。

② 转引自李颖:《党代会现场:99 个历史深处的细节》，党建读物出版社 2012 年版，第 1 页。

中国共产党第七次全国代表大会会场

也可以另行提出名单或改变名单。选举结束后当场唱票并公开宣布当选人员。七大在中央委员的选举上开创了预选和正式选举两个环节，从此这种选举模式在党内被定型下来。

七大在党内民主规则的探索上立下了“规矩”，形成了一种新型的、和谐的党内民主文化，以至于若干年后仍能引起七大代表的快乐回忆。七大代表郑天翔曾回忆道：“党的七大的选举，是执行民主集中制的完美的典范。在小组会上，代表团会上，任何代表都可以提名候选人，没有任何指定，没有任何限制。在小组会上或代表团会上，对候选名单中的任何一个人有不同意见，可以提；有不了解的地方，可以问；向上问或者派代表到有关代表团去了解情况，都允许，都能有个答复。候选名单几上几下，充分讨论。”另一位七大代表白治民也说：“七大的选举是我经历过的最民主的一次。”[①]

① 转引自李颖：《党代会现场：99 个历史深处的细节》，党建读物出版社 2012 年版，第 128 页。

二、八大二次会议在党内民主史上留下了特殊印记

新中国成立之初，中国共产党对党内民主的探索一度由于恢复国民经济、整顿社会秩序而处于停滞状态，党的代表大会或代表会议基本上被干部会议所取代，出席会议的人数一般都在百十人、几百人到一千多人。由于内外形势的压力，党内民主的范围缩小，尽管党的决策没有出大的问题，但是“召集这些会议（指干部会议——引者注）在法律上究竟不能代替召集代表大会，不能弥补不经常召集代表大会的缺憾”[①]，最终也会影响党内民主的制度化水平。

1956 年 4 月 28 日，毛泽东在中央政治局扩大会议的总结会议中首次提出 :“是否可以仿照人民代表大会的办法，设党的常任代表。我们有人民的国会，有党的国会，党的国会就是党的代表大会。”[②]按照这个指示，邓小平在党的八大报告中提出 :

> 党的民主集中制的基本要求之一，是党的各级代表大会的定期召集和充分发挥作用。党的第八次大会同第七次大会隔了十一年多，当然是迟了。地方各级代表大会和代表会议，除了一部分单位已经严格执行了党章的规定以外，多数的单位还是比党章规定的开得少。这是我们党的民主生活中的一个重要的缺点。
>
> ……
>
> 为了彻底克服这个缺点，把党的民主生活提高到更高的水平，党中央委员会在党章草案中，决定采取一项根本的改革，就是把党的全国的、省一级的和县一级的代表大会，都改作常任制，多少类似各级人民代表大会那样。……代表大会常任制的最大好处，是使代表大会可以成为党的充分有效的最高决策机关和最高监督机关，它的效果，是几年开会一次和每次重新选举代表的原有制度所难达到的。按照新的制度，党的最重要的决定，都可以经过代表大会讨论。党的中央、省、县委员会每年必须向它报告工作，听取它的批评，答复它的询问。……因此，我们相信，这种改革，必然可以使党内民主得到重大的发展。

---

① 邓小平 :《关于修改党的章程的报告》（1956 年 9 月 16 日），《邓小平文选》第 1 卷，人民出版社 1994 年版，第 233 页。

② 毛泽东 :《在中共中央政治局扩大会议上的总结讲话》，《毛泽东文集》第 7 卷，人民出版社 1999 年版，第 54 页。

中国共产党第八次全国代表大会会场

出席八大的代表 1026 名，代表当时全国 1073 万名中共党员。八大在推进党内民主方面有不少举措：大会邀请了一些社会主义国家政党代表团参加，一些国际新闻媒体还对党代表进行了现场采访；大会对党章进行了修改，规定实行党代会常任制，党代表每届任期五年，每年召开一次全国代表大会等。在预备会议提名中央委员和候补委员候选人时，事先没有一个现成名单发给代表，而是不限名额，由代表自由提名。一位四川籍代表回忆了预备会议中民主讨论的氛围：

> 毛主席说，这次选“三八”式以前的（指 1938 年以前入党的代表），“三八”式以后的在党和国家各条战线上都涌现出大批优秀的同志，这些同志在今后各届中委中再作安排。除此之外，没有任何条条框框。代表们讨论提名时，讲公道，讲正派，认真按照被提名者对党对人民作出的贡献来推荐。说推荐的某某人有什么战功，有什么贡献，讨论中充满了同志的友谊，充满了民主气氛。……这种坦诚相见、大公无私的发言，显示出会议民主、团结的气氛。[①]

按照新党章关于年会制的要求，继 1956 年 9 月召开了八大一次会议

① 伍精华：《回顾中共“八大”会议》，《百年潮》2004 年第 7 期。

之后，中央决定择时召开八大二次会议。而在八大二次会议召开前，各省、县党的代表大会开始探索实行代表任期制和党代会年会制。

相关链接

从1957年下半年起，全国20多个省、市、自治区先后召开了党的代表大会。如在1957年11月闭幕的中国共产党辽宁省、中国共产党山西省、中国共产党陕西省代表大会二次会议，12月闭幕的中国共产党江苏省、中国共产党浙江省、中国共产党湖南省、中国共产党安徽省代表大会二次会议，1958年初闭幕的中国共产党上海市、中国共产党内蒙古自治区、中国共产党甘肃省、中国共产党福建省代表大会二次会议，等等。

在县市一级，由于是第一次实行党代会常任制，不可避免地走了一些弯路。1957年10月31日，中共中央颁布了《关于党的地方各级代表大会的代表名额和代表改选、补选问题的规定》，《规定》附录了一份中央组织部关于地方各级党代表大会实行常任制问题向中央的报告，报告指出：在八大换届以后实行常任制的全国县（自治县）市约有1500个左右，需要经过改选或选举后实行常任制的约有500个以上。由于初次实行党代会常任制，代表的产生与履职过程中存在一些问题，如一些地方按照开干部会议的习惯，认为代表越多越好。按全国计算，仅省、市、自治区一级党代表大会的代表就有12262人，全国平均几乎20个党员中就有一个代表，某些代表名额多的县，四五个党员中就有一个代表。代表人数过多，就失去了代表的意义和作用；有的代表属于少数人指定，大多数党员不承认他作代表；有的虽被选为代表，但本人怕麻烦，不愿履行代表的职责；有的选举消极落后的或犯有严重错误的人作代表，不能履行代表的职责。①

1958年5月5日—23日中央召开了八大二次会议，这次会议由于实行了常任制，在党内民主史上留下特殊的印记。这次会议中，一些来自基层的党员劳动模范成为特邀党代表，比如浙江省长兴县耐火器材厂的李兴发就是那次会议的一名特邀代表。作为一名转业军人，李兴发等22名复员军人靠3700元复员费起家，勇攀科技高峰，成功试制了热电偶管等产品，填补了国内空白，轰动整个冶金系统，这个事迹被《人民日报》报道后，

① 中共中央组织部、中共中央党史研究室、中央档案馆编：《中国共产党中央关于党的地方各级代表大会代表名额和代表改选、补选问题的规定》（1957年10月31日），《中国共产党组织史资料（第九卷·文献选编）》（下），中共党史出版社2000年版，第585—586页。

经周恩来提议并由毛泽东拍板，李兴发作为特邀代表参加八大二次会议并在大会上发言。

八大二次会议是党代会年会制的一次生动实践。可惜，之后党的政策朝着“左”的方向发展，党内个人崇拜愈加严重，党代会年会制、任期制的探索中断。党的九大终止了八大立下的新“规矩”，九大党章规定：党的全国代表大会每五年举行一次，党的地方县以上的代表大会每三年举行一次，在特殊情况下，不论党的全国代表大会还是地方党代会都可以提前或延期举行。于是，党的十大、十一大都提前一年召开，直到党的十二大、十四大两次修改党章才重新将每五年一次召开党代会固定下来。

三、试行党代会常任制，实行党代表任期制

党的十一届三中全会通过会议公报时的场面

党的十一届三中全会以来，中国共产党迅速纠正“左”倾错误，把党的路线方针政策调整到以经济建设为中心，坚持改革开放、坚持“四项基本原则”的“一个中心、两个基本点”上来。1978 年至 2010 年，中国经济总量从世界排名 15 位上升至第 2 位。在经济社会全面发展的同时，党内民主作为党的建设的重要议题再次提上日程。

1979 年，邓小平提出了民主与法制“两手抓”的思想，他指出：“民主和法制，这两个方面都应该加强，过去我们都不足。要加强民主就要加强法制。没有广泛的民主是不行的，没有健全的法制也是不行的。我们吃够了动乱的苦头。”[①]1980 年 12 月，邓小平在中央工作会议上的讲话中指出：

① 邓小平：《民主和法制两手都不能削弱》（1979 年 6 月 28 日），《邓小平文选》第 2 卷，人民出版社 1994 年版，第 189 页。

“要继续发展社会主义民主，健全社会主义法制。这是三中全会以来中央坚定不移的基本方针，今后也决不允许有任何动摇。……不要社会主义法制的民主，不要党的领导的民主，不要纪律和秩序的民主，决不是社会主义民主。相反，这只能使我们的国家再一次陷入无政府状态，使国家更难民主化，使国民经济更难发展，使人民生活更难改善。”①

邓小平关于一手抓民主、一手抓法制的思想深刻影响着中国政治发展的方向，对推进党内民主和人民民主具有不可估量的影响力。

1980年召开的十一届五中全会通过了《关于党内政治生活的若干准则》，提出：“民主集中制是党的根本组织原则。林彪、‘四人帮’搞极左路线和无政府主义，既破坏了民主，又破坏了集中；既破坏了自由，又破坏了纪律”，“发扬党内民主，首先要允许党员发表不同的意见”，“党内真正实行民主选举，才有可能建立起在党员和群众中有威信的强有力的领导班子”，“谁也不是低人一等的奴隶或高人一等的贵族。那种认为自己的权力可以不受任何限制的思想，就是腐朽的封建特权思想，这种思想必须受到批判和纠正”，“选举应实行候选人多于应选人的差额选举办法，或者先采用差额选举办法产生候选人作为预选，然后进行正式选举”，等等。②

党的十二大召开前夕，扩大党内民主的思想影响了党代表选举工作。1980年4月，中央政治局召开会议通过了《关于十二大代表选举工作的几点意见》，要求十二大代表要在召开县、市、州党代会或党代表会议基础上用无记名投票的方式产生。5月中旬，时任党中央总书记的胡耀邦就代表选举工作指出：要选出真正合格的党代表，就要充分酝酿，真正征得广大党员同意，不要少数人“圈

当选为党的十二大代表的体坛健儿，他们是（从左至右）：周晓兰（山西）、教练员袁伟民（国家体委）、孙晋芳（江苏）、郎平（北京）

① 邓小平：《贯彻调整方针，保证安定团结》（1980年12月25日），《邓小平文选》第2卷，人民出版社1994年版，第359—360页。

② 中共中央文献研究室编：《关于党内政治生活的若干准则》，《十一届三中全会以来重要文献选读》上，人民出版社1987年版，第176页。

定”；名单没有什么保密的，要公开提到党员中去酝酿讨论，不要怕变动。经过充分酝酿，选举工作于 1982 年 7 月底完成，共选举产生党代表 1600 名，其中包括候补代表 149 名。十二大上，年轻代表占将近 40%，时年 41 岁的二汽制造厂副厂长王兆国和中国女排运动员郎平都是出席十二大的党代表，郎平当年只有 21 岁，是出席十二大最年轻的党代表。

1985 年 2 月 1 日，中央组织部印发了《关于党的地方各级代表大会若干具体问题的暂行规定》，对地方各级党大会代表名额作出了如下具体规定：

党的地方各级代表大会代表名额

层级	一般（名）	较多（名）	较少（名）
省、自治区、直辖市党代会	400—700	700—900	300—400
省辖市党代会	200—400	400—600	
自治州党代会	200—500		
直辖市的区党代会	200—400		
县（旗、市）、自治县、省辖市的区党代会	200—400	500 左右	

党的十三大在中国共产党党内民主史上跨出了一大步，不仅在内容上提出了发展社会主义民主的基本方向，而且会议本身也是一次党内民主的重大创新性实践。在内容上，十三大报告中第一次提出要“以党内民主来逐步推动人民民主，是发展社会主义民主政治的一条切实可行、易于见效的途径。”“要改革和完善党内选举制度，明确规定党内选举的提名程序和差额选举办法。”在实践成果上，十三大在中央委员、候补委员和中央纪律检查委员会委员的产生上第一次使用了差额选举。在全体代表正式选举（等额选举）前以各代表团为单位进行差额预选，差额预选分两次进行，先进行中央委员和中央纪律检查委员会委员预选，再进行中央候补委员预选，中央委员落选的列入中央候补委员预选。十三大差额预选“两委”委员的做法被定型下来，以后每次党的全国代表大会都实行了差额预选。

地方和基层也在党代会常任制上进行了有益探索。1988 年以来，全国 5 个省 12 个县市如浙江省的台州市椒江区（1988 年底）、绍兴市（1989 年初）、瑞安市（1998 年 3 月）、永嘉县（1993 年 4 月），福建省的石狮市、晋江市、南安市，湖南的衡山县等开始试点党代会常任制。2001 年，椒江区的试点经验还得到了中央有关部门的关注。

上述地方在探索中积累了许多有价值的经验，主要体现在三个方面：

一是实行代表大会年会制，使代表大会更好地成为同级党组织的最高领导机关；二是实行代表任期制，充分发挥党代表在大会期间和闭会期间的作用；三是根据试行常任制的新情况，调整了党委领导机构的设置和工作方式。[①] 在反复总结各地试点经验的基础上，十六大报告提出：“扩大在市、县进行党的代表大会常任制的试点。积极探索党的代表大会闭会期间发挥代表作用的途径和形式。”

中国共产党第十六次全国代表大会会场

按照十六大要求，截至 2005 年 8 月，共有 15 个省市 50 多个县市进行了试点；党的十七大报告提出：“完善党的代表大会制度，实行党的代表大会代表任期制，选择一些县（市、区）试行党代表大会常任制。”此后，各地试行党代会常任制的县（市、区）数目继续扩大。

2008 年 5 月 5 日，中共中央颁发了《中国共产党全国代表大会和地方各级代表大会代表任期制暂行条例》（以下简称《暂行条例》），对党代表任期制进行了规范，明确了党代表八项权利与职责，对党代会闭会期间党代表履职活动作出了具体规定。

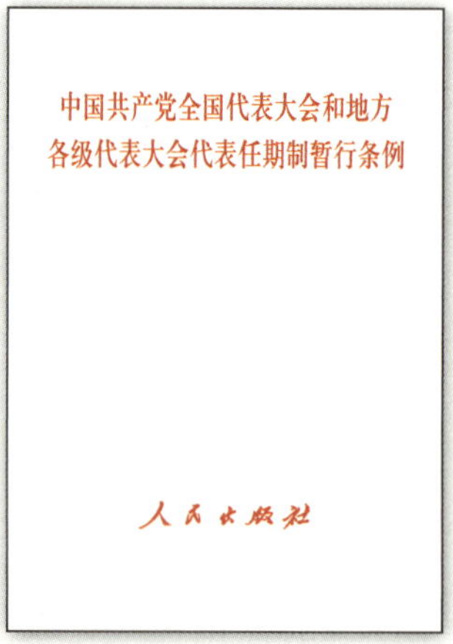

《暂行条例》给党代表尤其是基层一线党代表履职提供了巨大的动力。如党的十七届三中、四中、五中、六中全会均邀请了与会议主题相关的基层一线代表列席会议，共计 164 人，占基层一线代表的 26.03%。2008 年 7 月 18 日，中共上海市委九届四中全会召开，邀请党代表列席市委全会。安徽省在 2010 年全省公推公选副厅级领导干部中，邀请 25 名省第八次党代会基层党代表参与面试。2008 年以来，陕西省每年确定一批涉及本地经济社会发展和党的建设方面的重大

① 郑科扬主编:《中国共产党党内民主研究》，党建读物出版社 2009 年版，第 169—171 页。

课题，组织党代表进行不少于一次的调研活动。[①] 2011 年 3 月 28 日，经浙江省委常委会审定，以省委文件形式将党代表职责制度化，建立了党代表提案制度、党代表提议制度、党代表调研视察制度、党代表列席党内重要会议制度、党代表学习培训制度的“五项制度”，并在全省范围内推行。

2012 年，在一些省委换届中，第一次实行党代表履行提案权。而在市县两级，许多地方在党代表大会召开期间，党代表联名或以代表团为单位，就同级党代会职权范围内的重要事项向大会提出提案。如：2011 年 10 月中旬，在中国共产党西安市碑林区第十二次代表大会上，区委副书记卢光文专门针对党代表的提案向 230 名党代表作详细陈述；浙江省富阳市、宁波市，辽宁省鞍山市，广东省佛山市、广州市等都在本轮换届中赋予党代表提案权……

截至 2011 年年底，中国共产党的党员总数已达到 8260.2 万。随着党员规模不断扩大，为保证每一名党员有效参与地方和中央党组织事务，党代表科学履职就成为践行党内民主的最为可行的实现途径之一。

显然，中国共产党党内民主是 21 世纪党的建设最重要的课题之一，其内容的精彩应该远不止以上所述。以上仅展示了供读者参考的背景，以下才是五位党代表的履职故事。他们的故事真实、具体，“接地气”、聚人气，通过这样的故事或许会让我们对中国共产党党内民主有更多、更客观、更深刻的认识。群众创造历史，这些来自基层一线的党代表也正在谱写着中国共产党党内民主的历史！

① 中央组织部组织一局：《为党代表发挥作用提供有力的制度保障——关于十七大以来党代表任期制工作推进情况的调查》，《光明日报》2012 年 8 月 7 日。

履职故事：走近党代表

第一部　党代表原来是这样产生的

党代表选举有自己的方式和鲜明特点，没有德才的人当不成代表。农民工也能当代表。党代表在选举时，要经过候选人提名、预选、正式选举等程序环节，要经过选票、民意和组织纪律的严格考验，而任何一道关口跨不过，都有出局的可能。

我们的党章十分明确地规定党是民主的组织。整个组织是自下而上在选举制的基础上建立起来的。

——摘自列宁：《社会民主党和杜马选举》

美国著名的人类学家摩尔根在研究印第安人部落首领产生的过程中发现，“在易洛魁人塞内卡部中，每逢一个首领死去时，本氏族的成员就举行一次会议来提名继任人，按照他们的习惯，必须在两名候选人当中投票表决，这两个人都得是本氏族的成员。每一个成年的男女都被召集来，让他或她表示赞成选谁的意见，得到最大多数人同意的候选者就成为被提名的人。”[①] 这个事实表明：作为选择公共职务任职者手段的选举不但存在于现代社会，也存在于古代社会。与古代社会相比较，现代社会的选举尽管在目标上没有明显区别，却在制度、形式、技术手段与标准上具有重大差异。一般说来，现代社会的选举具有选举规则的共识性、选举权利的普遍性、选举权利的平等性、选举行为的选择性、投票的秘密性、选举的定期性等共同特点。[②] 党代表选举是中国共产党党内民主的重要形式之一，不仅具有上述共性，而且还有自己的特色，即在人选标准选择上注重代表的党性与德才；在人选的来源结构上充分考虑其广泛性和代表性。

现代社会选举的共同特点

- 选举规则的共识性
- 选举权利的普遍性
- 选举权利的平等性
- 选举行为的选择性
- 投票的秘密性
- 选举的定期性

一、选什么样的人当代表

2012 年 5 月 29 日，新加坡《联合早报》登载了华裔学者郑永年的一篇文章《中国党内民主向何处去？》，他说：“民主作为一种治理结构，不

① ［美］摩尔根：《古代社会》（上册），商务印书馆 1983 年版，第 71 页。

② 王浦劬主编：《选举的理论与制度》，高等教育出版社 2006 年版，第 5—8 页。

仅仅是选举。……中国需要的是改革和进取，而不是维持现状。或者说，一种意在维持现状的党内民主不是人们所期望的；相反，党内民主是要产生一个有能力改变现状的领导集体。”[1]他对党内民主在当今中国经济社会全面发展中定位的思考，既表达了对党内民主程序的关注，也表达了对党内民主结果的期待。

这一思考其实也反映了当代中国党内民主的实践特征和价值诉求：即把现代政治文明中的公平竞争精神与传统政治文明中的择优选拔精神结合起来，选择德才兼备的优秀人才，从而为改革开放和社会主义现代化建设提供组织保障和人才支撑。中国共产党党代表选举是党内民主的重要组成部分，德与才兼备的价值诉求也自然蕴涵其中。

重在党性、好中选优

中国共产党在党代表候选人选择中强调重在党性、好中选优，即要选择党员中的优秀分子，要求具有优秀的政治品德，同时也具有较强的代表与议事能力，也即德与才兼备，这与中国共产党“德才兼备、以德为先”的选人标准是一脉相通的。中国共产党不仅把它作为党内选举的“过程”要求，同时也作为“目标”要求。

选择德与才兼备的政治人才的思想与实践在中国可谓源远流长。《史记·五帝本纪》曾经记载了尧选拔舜的故事：尧要选继承人，有人推荐丹朱、共工，他都否决了。最后大家都

相关链接

尧曰：“嗟！四岳：朕在位七十载，汝能庸命，践朕位？”岳应曰：“鄙德忝帝位。”尧曰：“悉举贵戚及疏远隐匿者。”众皆言於尧曰：“有矜在民间，曰虞舜。”尧曰：“然，朕闻之。其何如？”岳曰：“盲者子。父顽，母嚚，弟傲，能和以孝，烝烝治，不至奸。”尧曰：“吾其试哉。”於是尧妻之二女，观其德於二女。舜饬下二女於妫汭，如妇礼。尧善之，乃使舜慎和五典，五典能从。乃遍入百官，百官时序。宾於四门，四门穆穆，诸侯远方宾客皆敬。尧使舜入山林川泽，暴风雷雨，舜行不迷。尧以为圣，召舜曰：“女谋事至而言可绩，三年矣。女登帝位。”舜让於德不怿。正月上日，舜受终於文祖。文祖者，尧大祖也。

於是帝尧老，命舜摄行天子之政，以观天命。

——《史记·五帝本纪》

① 郑永年：《中国党内民主向何处去？》，《联合早报》2012年5月29日。

推荐舜，说他虽是盲人的儿子，父亲愚昧，母亲顽固，弟弟傲慢，而舜却能与他们和睦相处，尽孝悌之道。于是尧就把自己的两个女儿嫁给舜以考察他的德，把自己九个儿子送给他做仆人以观察他的管理才能……如此一系列考察，尧发现舜属于德才兼备之人。这是关于选才要德与才兼备思想的最早记录。

此后，中国古代思想家和政治家对此论述颇多。孔子在与鲁哀公对话时曾专门强调“政在选臣”。《礼记·礼运》中也强调“大道之行也，天下为公。选贤与能，讲信修睦”。孟子提出古代中国颇有代表意义的选举法则——“国人皆曰贤，然后察之，见贤焉，然后用之”。唐太宗李世民经常以“用得正人，为善者皆劝；误用恶人，不善者竞进”来强调“重在选臣”的道理。司马光在《资治通鉴》中指出：“才者，德之资也；德者，才之帅也。”

实践这一思想的制度形式，在汉代出现了以“举孝廉”、“举贤才”为主要内容的察举制；隋唐时期，又演变为“招天下之人，聚于京师春还秋住”的科举制。科举制把德行教育融入到四书五经的经典文献中，而且考试的许多题目还涉及“德”的问题，考试选拔出来的政治人才先在实践中不断培养锻炼，视其“德”、“行”，最后才被安排在合适的位置上。从察举到科举，选拔德与才兼备的政治人才的思想没有改变，但选拔的形式与内容却发生

相关链接

古希腊选举的特点

如果东方人对政治人才的选拔强调德才兼备，那么西方早在古希腊时期就显示对平等的崇尚。例如，在古希腊雅典城邦大会中，五百人会议是公民大会的常设机构，一切政治活动与决策主要在这个机构里完成，古希腊人没有强调五百人会议的议员一定要德才兼备，议员是从三十岁以上的公民中用抽签的办法选出。在伯利克里时代以前，执政官掌握着行政权，是最有地位和影响力的职务，而执政官的产生也是公民大会从各地推举出的五百名候选人中用抽签的办法挑选出来，任期一年，不得连任。在伯利克里时代，除了财会人员和军事指挥员等专业职务以外，几乎都从符合基本资格的人员中采用抽签的办法产生。

了重大变化，即从过去的随机性选拔演变为平等选拔，为社会底层向上层垂直流动提供了平等的机会。

客观地讲，中国古代的察举制和科举制，存在一些不完善的地方，有些甚至是糟粕。但不可否定，它们都有其特定的历史作用，尤其是选才要德与才兼备的思想经过实践检验是正确的，这些人才对于创造五千年中华文明功不可没。1905 年，科举制在清末新政中被废除，但德与才兼备的择才标准并没有随着这个制度的消失而淡化，相反被后来者继承和吸收。孙中山在辛亥革命成功以后思考政府权力时，特意在政府的立法、行政、司法之外留下了考试权与监督权，并认为中国古代选拔人才的“考试”机制在世界上独一无二，是一个好东西。

传统的一些做法尽管不能简单照搬，但是任何国家的政治发展方向都不能不受自己本土文化的影响。中国共产党党代表选举也是如此。

中国共产党在党代表选举中，一方面按照马克思主义政党性质的要求，通过公开竞争的方式选择党员中的优秀分子，另一方面也从传统政治文明吸收营养，强调候选人德与才兼备的标准。例如，中共中央 1994 年 1 月 26 日印发的《中国共产党地方组织选举工作条例》第八条规定：代表应是共产党员中的优秀分子，能够认真贯彻执行党的基本路线和方针、政策，按党性原则办事，严守党的纪律，有一定的议事能力。十七大代表选举时，中央提出了以下基本条件：能模范遵守和贯彻党章，具有共产主义远大理想和中国特色社会主义信念，体现保持共产党员先进性要求；能坚决执行党的路线方针政策；能带头实践社会主义荣辱观，敬业勤奋；能密切联系群众，受群众拥护，有较强的议事能力。中央对十八大代表的选举也提出了类似的条件。概括地讲，党代表既需要有优秀的政治品德，也需要具备一定的政治才能与实践才能。因此，只有把有党性、有德才的人选为党代表，实现好中选优，才能真正发挥党代表作为党员群众代言人的桥梁作用。

选有德有才的党员当代表

五位党代表的当选体现了选举的竞争性、公平性，他们都以高票当选，这是因为他们在工作中的德、才表现符合基层党员群众的选择标准，也符合党组织对代表的先进性要求。

才哇，一位康巴汉子，经历了多年农牧区工作的检验，经受了大灾大难的考验，是一位德才兼备、拥有爱心的优秀共产党员，其抗震救灾的感人事迹传遍祖国大江南北，入选2010年“感动中国”十大魅力人物。在这次换届中，玉树县推荐他作为州党代表候选人并成功当选后，州又推荐他为省党代表候选人也成功当选。青海省推荐他为党的十八大代表候选人，在2012年5月省党代会上他成功当选。

杜洪英，一位不同寻常的普通档案员，说她普通是因为她在普通的岗位上工作，说她不同寻常是因为她在档案员的工作岗位一干就是30多年。她爱岗敬业，把档案当作“站在自己跟前鲜活的人”，硬是在普通岗位上书写了精彩人生，她所创造的档案保存、档案查找方法为全国同行所学习。她从小受到父亲的严格教育，对一切充满宽容和爱心，唯独对自己、对家人严格要求。由于德才兼备，杜洪英当选为浙江省玉环县第十四届人大代表。当上人大代表以后，她履职就像做档案工作一样认真，连续五年在人代会上有议案，件件都被政府采纳。2006年台州市委换届，她第一次被确定为市党代表候选人。一个连县党代表都没当过的党员突然被确定为市党代表候选人，杜洪英感觉到自己能力还不够，不自信，但最后还是成功当选。在2011年省党代表的选举中她又被确定为省党代表候选人并成功当选。

张国庆，从1990年开始扎根社区工作，一干就是22年。这22年，她以湖南人那种坚忍不拔的精神不断克服各种困难，为社区居民解决一个又一个难题，为社区居民带来一项又一项荣誉。为了搞好社区的工作，她忙得顾不上家；为了关心社区的困难群众，她牺牲了个人的生活空间；为了扎根她喜欢的社区环境，她牺牲了事业的提升空间。经过22年社区工作的考验，她在群众中获得了“德”的“口碑”，也收获了“才”的“奖杯”。张国庆的事迹引起了上级党组织的关注，2006年街道党委换届时区委经过酝酿与考察把她列为区党代表的候选人，经直接选举她成功当选。2007年，她又被选为省党代表，然后成功当选为湖南省出席党的十七大代表。随着张国庆的影响力越来越大，她在最近一轮换届选举中连续当选为区、市、省党代表和党的十八大代表，成为湖南省唯一连续当选党的十七大、十八大代表的社区基层党代表。

林永明，一位土生土长的沈八村农民，2002年开始承包土地种玉米，掘了第一桶金以后，致富不忘乡亲，带领乡亲一起搞农业合作社，把农民变成农业工人，不但自己致富，也让乡亲们发了财。搞合作社的艰辛他自己最清楚，但他没有抱怨，不但如此，哪家有困难，林永明都伸出援助之手，村里乡里的基础设施建设、五保户安居、小城镇规划等，他也没少花钱。凭着自己的才能以及在乡亲中的好口碑，林永明顺理成章地被全村的党员推选为镇党代表。林永明的事迹引起了社会广泛关注，经过一道道程序、一道道关口，他接连当选为呼兰区党代表、哈尔滨市党代表、黑龙江省党代表。

陈炎连，一位普通的农民，以花木种植起家，参与创办广东省中山市有名的花卉协会，自己致富同时也带领周围的农民致富，无偿传授种植花木的技术，把外来务工人员看成自己的兄弟姐妹，在四川汶川特大地震、青海玉树大地震发生后带头捐款。在镇党代表选举中，他的得票率高达 95%，此后再次顺利当选为中山市党代表。作为中山市推荐的省党代表候选人，他当选为省党代表时，得票离全票仅差 5 票。

二、党代表名额向基层一线倾斜

从党的十六大开始，中央和省区市党代表中来自生产和工作一线的新面孔越来越多。召开十七大时，代表的结构除中央直属机关和中央国家机关维持不变外，其他选举单位中生产和工作一线代表的比例，普遍比十六大时相应提高 5 个百分点。省（区、市）还有适当数量的非公有制经济组织和新社会组织的党员代表。十七大以实际行动推动来自基层一线的党代表参与党内事务，进一步扩大党内民主。中央还将“改善党代表大会代表结构，提高基层一线代表比例，增强代表广泛性”写进了党的十七届四中全会报告。

2011 年 11 月 2 日，中央组织部负责人介绍了党的十八大代表名额向

中国共产党“万里挑一”选出十八大代表

2270 名十八大代表 由全国 8000 多万名党员、400 多万个基层党组织推荐提名，经反复酝酿、逐级遴选产生

当选代表中	◇党员领导干部	69.5%	▼ 2.1 个百分点
	◇生产和工作第一线党员	30.5%	▲ 2.1 个百分点
	◇ 1976 年 11 月以后入党	72.2%	▲ 20.5 个百分点
	◇年龄 35 岁以下	5%	▲ 1.9 个百分点
	◇平均年龄	52 岁	
	◇工人党员	7.4%	由十七大时的 51 名增加到 169 名（包括农民工党员 26 名）

▲▼比十七大明显提高 / 降低

生产和工作一线倾斜的基本情况：省（区、市）和中央企业系统（在京）代表中，生产和工作第一线党员所占比例从十七大时的一般不少于30%，分别增加到一般不少于32%；党员领导干部所占比例从十七大时的一般不超过70%，分别减少为一般不超过68%。工人党员代表比例要在十七大的基础上有较大幅度提高，其中省（区、市）工人党员代表所占比例一般要达到本省（区、市）代表总数的10%，中央企业系统（在京）的工人党员代表数要明显增加。工人党员代表中，应当包括适当数量的农民工党员代表。这就是党的十八大代表选举的“两增、两减、一提高”的原则。①

扩大生产和工作一线党代表的比例

据统计，党的十四大时，来自工作一线党员代表占全体代表的22%，十五大时为24.1%，十六大时为24.3%。到十七大时，一线党员代表比例提高到28.4%。十八大代表中，生产和工作第一线党员代表占30.5%，比十七大时提高了2.1个百分点。其中，省(区、市)当选代表中，生产和工作第一线党员所占比例平均为34.4%，比十七大时提高了2.6个百分点。

例如：广东省中山市十分注重代表人选的广泛性，把中央、省关于落实基层一线代表中工人、农民代表的比例，当作硬指标、铁任务来落实。中山市还注重把扮演角色多、代表层面广的复合型人选推荐出来，确保党代表质量以及代表的广泛性。广东省第十一次党代会代表陈炎连，就是农民党员和基层一线先进模范党员的复合型代表。

中山市第十三次党代会召开时，代表人数及所占比例如下图所示：

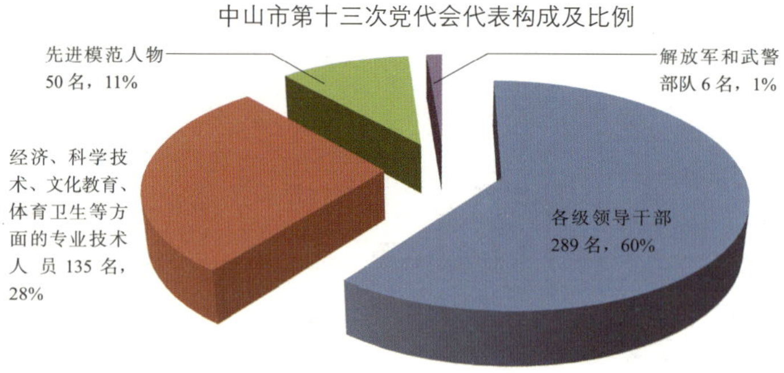

① 参见《中组部负责人就党的十八大代表选举工作答问》，新华网2011年11月2日，http://news.xinhuanet.com/2011-11/02/c_111141695.htm。

同时，妇女代表共149名，占31.04%；50岁以下（含50岁）的代表378名，占78.75%，其中35岁以下（含35岁）的青年党员代表71名，占14.8%；大专以上（含大专）文化程度的453名，占94.38%。与上一届党代表结构相比，本届的领导干部比例比上次党代会有所下降，工人代表不少于4%，农民代表不少于3%，都比上次党代会有所增加，先进模范人物代表比例为10%左右，妇女代表比例大于全市妇女党员占党员总数的比例。

广东省党代会在这一次换届中选举产生69名（含中央直接提名代表2名）党的十八大代表，其中生产和工作一线党员代表占到了34.8%；工人党员9名，比十七大时提高了7.1个百分点。①

农民工当选为党代表

改革开放以来，农民工作为工人的重要组成部分，为工人队伍注入了新鲜血液。在党的十八大召开前，多数省（自治区、直辖市）在换届中都选举产生了农民工党代表，26名农民工党员当选为十八大代表。

杜洪英对浙江省第十三次党代会印象十分深刻，其中，她提到有一位来自湖北蕲春的农民工党员成功当选为浙江省党代会党代表。

外来党员、浙江省第十三次党代会代表詹智（左一）在党建工作站接待来访群众

这位农民工党员名叫詹智，他来玉环县龙溪乡务工七年，挣到的钱不多，却没人说他不成功；他不是本地人，但他比本地人更爱玉环。2003年，詹智拖家带口离开了湖北蕲春老家，之前他是一名民办教师。在打工期间，他自愿为外来农民工维权，调解本地人与外来务工人员之间的冲突，一时在当地人与外来务工人员之间名声大噪。为了更好地调解好劳资矛盾、外来务工人员与本地人之间的冲突，他在玉环县不仅申请加入了中国共产党，还成立了浙江省首个农民工党建工作站。如今，党建工作站在玉环站住了脚，扎下了根，成为构建

① 参见贺林平：《十八大代表的基层草根新面孔：农民工走上政治舞台》，人民网2012年7月17日。

和谐劳动关系的新平台，外来务工人员与本地人团结的大舞台，流入地与流出地对农民工管理的工作中枢，成为了“新玉环人”遇到困难时的“求助站”，以及当地党委、政府化解社会矛盾、处置突发事件的“缓冲阀”。小人物也可以书写大人生，詹智由此获得了一项项荣誉：2009 年年初，他被评为湖北蕲春县优秀政协委员、玉环县优秀共产党员、“十佳新玉环人”。2010 年被评为第二届建功湖北十佳农民工，同时被授予湖北省“五一劳动奖章”。

杜洪英认为，詹智是一个正直的人，他有爱心，不光为党员服务，为来自蕲春的农民工服务，也为其他群众服务，就连玉环当地的老百姓都很信任他。在市党代会的选举中，詹智成功当选为市党代表，其中也有杜洪英为他投的支持票。

新中山人不逊于老中山人

作为珠三角城市，中山市外来务工人员非常多。长期以来，在外来务工人员与本地居民之间由于生产与生活的各种小摩擦，曾经引发过一些群体性事件。为了使外来农民工尽快融入中山的工作和生活环境，与本地居民之间团结友爱，中山市在全市范围内开展了新老中山人融合的主题教育活动。

陈炎连十分赞同这个主题教育活动，他认为中国人是一家人，无论来自什么地方，来自什么民族，大家都血脉相连。外来人员来中山创业，为中山服务，为中山当地的经济发展作出了贡献，所以老中山人要感恩、要回报，让这些外来务工人员得到应有的重视和尊敬。2007 年以来，中山市在广东省率先实现外来务工人员入户的积分制管理模式，专门形成了一套标准，对那些有突出贡献的人给予加分，那些办理居住证多年的人也可以积分。另外，不管来自何地、从事何业，都有同等的竞争条件，尤其是一些优秀人才，如大学生、研究生、各类专家，更容易加分，新中山人就是通过流动人口积分制来入户的。

陈炎连说，中山市有一位来自内蒙古名叫闫文静的外来务工人员就是一位优秀的新中山人。她大学毕业以后来到大洋电机公司工作，在公司工作不久就迅速取得了成绩，得到公司上下高度认可。大学期间就成为预备党员的闫文静是一位热心、爽朗、活跃、能干的姑娘，大家都觉得她就像“一团火一样”。入职一年，闫文静就当上了公司行政管理部部长助理，第二年部长离职，她顺利接任，把公司的后勤服务部门管理得井井有条。她的突出表现引起了上级组织部门的关注，在公司与所在镇的党员们共同推荐下成为市党代会代表候选人并成功当选。其后，又先后当选为省第十一次党代会代表、党的十八大代表。

陈炎连说，广东省有外来务工人员 2700 多万，在这个占本地人口近 1/3 的庞大群体中间，有很多像闫文静这样的佼佼者，有很多这样的优秀党员。他很支持这样的党代表，在广东省第十一次党代会上，陈炎连为她庄严地投下了支持票。

一、基础分：个人素质积分 + 工作经验积分 + 居住情况积分	
个人素质积分 = 学历水平得分 + 技能水平得分	
学历水平	高中（中技、中专）15 分；进修大专 40 分；全日制大专 55 分；本科 80 分；硕士研究生及以上 100 分
技能水平	技术员初级职称 10 分；具备助理级专业技术资格初级职称或职业资格达到五级者 15 分；中级职称或职业资格达到四级者 55 分；高级职称或职业资格三级及以上者 90 分
工作经验积分 = 社会保险得分 + 劳动合同得分	
社会保险	参加中山市社会保险，累计缴费每满 1 年加 2 分，最高 20 分
劳动合同	在中山连续签订并履行劳动合同，工作时间每满 1 年加 2 分，最高 10 分
居住情况积分 = 固定住所得分 + 居住年限得分	
固定住所	在中山市拥有合法固定自有住房者，既有自购房或自建房且居住者为 10 分
居住年限	连续办理暂住证（或居住证，下同），暂住时间每满 1 年增加 2 分，最高 20 分
二、附加分：个人基本情况积分 + 急需人才 + 专利创新 + 奖励荣誉 + 慈善公益 + 投资纳税 + 计划生育 + 卫生防疫 + 登记管理 + 个人信用	
个人基本情况积分 = 年龄得分 + 婚姻状况得分	
年龄	16 周岁以上至 35 周岁以下人员为 5 分
婚姻状况	未婚者为 5 分
急需人才	属于中山经济社会发展急需的紧缺人才或特殊岗位人才加 50 分
专利创新	近 5 年内获得国家专利者加 30 分，多项专利可累计积分
奖励荣誉	近 10 年内获得市（厅）级荣誉称号或奖励者加 10 分；省（部）级加 20 分；国家级加 30 分；获评镇（区）级"见义勇为"称号加 10 分；市级加 20 分；省级加 30 分；国家级加 50 分
慈善公益	1. 在中山参加义工、青年志愿者等工作每满 1 年加 1 分，最高分限 10 分
	2. 在中山个人捐赠每满 1 万元加 2 分，最高 10 分
	3. 在中山无偿献血 200cc，每次加 1 分，最高 5 分
	4. 在中山捐献骨髓（造血干细胞）每次加 2 分，最高 10 分
投资纳税	1. 个人投资 10 万元起计分，投资每满 10 万元加 1 分
	2. 个人年税每满 1 万元加 1 分
计划生育	申请人在户籍地办理《流动人口计划生育婚育证明》，在居住地计生部门接受行政管理并及时换证加 2 分；按照政策自觉落实长效避孕节育措施加 3 分；每年参加居住地计生部门组织的孕情检查不少于 3 次加 1 分
卫生防疫	子女自觉参加计划免疫加 1 分；自觉参加妇幼保健加 1 分；婚前参加婚检加 1 分；按岗位要求办理从业健康证加 1 分
登记管理	到流动人口管理部门办理子女登记手续并领取《十六周岁以下儿童随行卡》加 1 分
个人信用	个人信息良好加 5 分
三、扣减分	
	曾被判处管制的，按照管制期限（月）乘以 3 减分，最少减 40 分
	曾被判处拘役的，按照拘役期限（月）乘以 12 减分，最少减 60 分
	曾被判处有期徒刑的，按照有期徒刑期限（月）乘以 12 减分
	曾被处以行政拘留处罚的，每次扣 5 分
	曾被劳动教养的，按照劳动教养的期限（月）乘以 2 减分
	违反计划生育规定的每次减 200 分，可累计减分
	感染结核病等传染病不服从防疫部门管理减 2 分

申请积分具体步骤

1

流动人员到户籍所在地计生部门开具计划生育情况证明。

2

针对计分标准，初步评估自己可以申请的积分项目，按照相关要求准备证明材料。

*注意：提供学历证书必须同时提交省级以上教育部门出具的学历证明材料；提供技术员证书、职业资格证书或职称证书必须同时提供发证部门开具的鉴证证明；提供的劳动合同必须有用人单位盖章，且须同时提供单位开具的合同履行情况说明；申请社会保险、婚姻状况、急需人才、计划生育、个人信用得分必须到相关政府机构或单位开具证明。

3

携带在我市居住或工作一年以上的有效证明（暂住证、劳动合同或社保证明）、身份证原件及复印件、户籍所在地计生部门开具的计划生育情况证明和申请积分内容的证明材料，到所工作地或居住地流动人口和出租屋管理服务中心申请积分。

*注意：证明材料只需按申请内容提供。

4

到居住地申请入户排名或到工作地申请入学排名。

*注意：第三步、第四步可合并申请。

中山市流动人口申请积分具体步骤与计分标准

三、换届前的宣传动员不可少

无论在哪一个国家，无论是哪一个政党，选举与宣传都是一对“孪生兄弟”，好的宣传是选举成功的前提。没有宣传的选举好像没有旁白的纪录片，有人看得懂，有人看不懂。因此，党代会换届选举前，党组织在全体党员群众中搞好宣传发动是一个必不可少的环节，如此可以达到党内成功换届、普通党员积极参与、普通群众受教育的效果。

报纸、电视、网络一起上

据人民网2012年5月9日报道，各地在十八大换届选举前，采取各种党员群众喜闻乐见的形式开展宣传发动工作。各地各部门广泛运用手机短信、互联网、远程教育网络、社区电视、LED屏等多种手段，组织党员学习代表选举政策要求。湖南省通过省基层党建手机信息平台，向5万多名乡、村两级和非公企业党组织负责人发送代表选举信息专报12期62万条次，编发宣传短信413万条次。浙江省基层党组织普遍采取发送短信、微博沟通、E-mail交流、网上公开信等“新招”，及时快捷高效地加强宣传。阿里巴巴集团根据2720名年轻党员有近一半在外地的实际，通过在线召开支部大会，进行线上讨论交流。

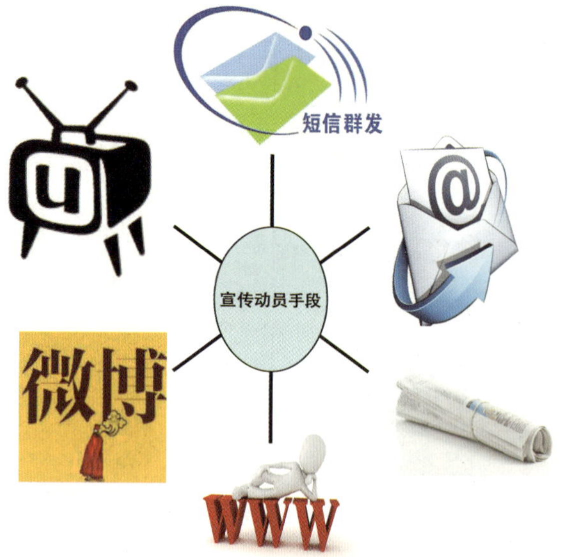

各地在换届选举前利用电视、短信、电邮、报纸、网络、微博等宣传手段，对党员群众进行发动

为了做好先进模范党员的推选工作，各地各部门加大典型宣传的力度，为基层党组织和党员推荐提名提供参考依据。湖南省选择51名获得省部级以上表彰奖励的先进模范党员，在省内6家主要媒体统一

开设“创先争优·时代楷模”栏目，进行集中宣传。

相关链接

浙江省奉化市人才开发服务中心
给全体流动党员的一封公开信

全市流动党员：

党的十八大将于2012年下半年召开，省第十三次党代会将于2012年6月召开，宁波市第十二次党代会将于2012年2月召开，奉化市第十三次党代会将于2012年1月召开。开好党的十八大、省第十三次党代会、宁波市第十二次党代会、奉化市第十三次党代会，是党内政治生活中的一件大事。

推选好党代表，是确保党代会圆满成功的重要基础。党代表肩负着党员的重托，大会期间，将听取和审查党的委员会和纪律检查委员会的报告，反映党员、群众的意见和要求，讨论和决定重大问题，选举产生新一届党的委员会和纪律检查委员会。推选出高素质的党代表，直接关系大会各项任务的完成和党的领导作用的发挥，对于进一步增强党组织的创造力、凝聚力和战斗力，具有十分重要的意义。

党代表推荐提名从基层开始，所有基层党组织和党员参加。12月15日前，我市将选举产生出席市党代会代表，12月20日前，要把体现政治先进性和党员先进性的出席上级党代会代表人选推荐出来。积极参与党代表推选活动，既是党章赋予党员的权利，也是党员的义务。各位党员要高度重视、积极参与，按照代表高质量和结构合理性要求，把近年来我市涌现出来的优秀党员推荐出来，做到选好一个代表、宣传一个典型、树立一面旗帜、形成一种导向。

请各位流动党员踊跃推荐选举。

奉化人才中心联系电话：88962167

奉化市人才开发服务中心
2011年12月12日

基层党组织的动员大会

在党代会换届选举中，宣传动员是一个必不可少的环节。2011年，林永明所在的大用镇党代会换届前，镇里把各村的干部、村党组织书记、村委会主任、会计召集到镇里开会，提出了镇党代会换届的任务，要求他们回到村里把党员召集起来，并按照有关文件宣读选举条件，让各村党员提名镇党代表候选人。开完会以后，各村向镇党委上报候选人名单。为了使全体党员了解这次选举的意义、方式、候选人名额，各个村都要利用广播站提前宣传，村党组织发动全体党员积极宣传，并以“一对一”负责的形式告知外出务工党员尽可能参与提名并推荐党代表候选人。

四、重头戏在确定候选人

按照中央的有关规定，党的地方各级代表大会的代表，由所辖党组织召开党代表大会或党员大会选举产生。党的县级以上委员会，在必要时也可召开代表会议，选举出席上级党的代表大会的代表。代表候选人名单，可由党组织或选举人提出，经过充分酝酿讨论，根据多数人的意见确定。

群众口碑和政治素质都重要

林永明的故事表明，成为党代表的候选人，既要有好的口碑，经得起党员群众的检验，也要有很强的政治素质，经得起组织的考察，这两个条件一个都不能少。

林永明在大用镇尤其是在沈八村的口碑是没得说。在镇党代会换届中，出席大用镇党代会的代表名额为 90 人，其中沈八村党支部出席镇党代会代表名额为 11 人，镇里要求差额“海推”，可以提 15 名党代表候选人，全村 37 名党员都推举了他，于是他最终被提名为镇党代表候选人。在镇向区里推荐党代表时，他的口碑也起了作用，但是光靠“口碑”也不行，还要经过候选人组织考察的环节。林永明一关一关走下来，先后被成功推选为区、市、省党代表候选人。

组织部门来考察

确定候选人是一个十分严肃的过程。党委组织部门在这个过程中发挥着十分重要的作用，尤其是考虑到这些从生产和工作一线遴选的代表可能在履职上存在“短板”，上级党委组织部门在考察时既要考虑到他们的业绩与个人品德，也要权衡他们的实际履职能力。

林永明对组织部门把他作为党代表候选人的考察印象十分深刻。在被沈八村全体党员提名为大用镇党代表候选人后，镇党委把林永明的基本情况做成海报，贴在村支部、镇街道、繁华地区，并留下了组织员的姓名、监督电话和联系地址，请普通党员群众来电、来信监督。成为区党代表候选人以后，区委组织部还专门派人到村上考察他，跟他谈话。组织部的同志问得很细，林永明还记得当时问了当选党代表有什么想法、有什么责任、有什么义务，能不能当好党代表等问题。最后，组织部的同志还去访谈了别的党员，了解他们对林永明的评价。在被提名为市党代表初步候选人后，市委组织部也派人来了解他的情况，恰好那一天林永明到大连出差了，组织部的同志找来其他一些党员从侧面了解情况，然后又到区委组织部了解情况。组织部考察时把关很严，这一点林永明体会深刻。好在林永明的口碑和能力得到了基层党员群众的认可，不但没有人举报他，大家还都夸奖他，差额考察顺利过关。

陈炎连说，广东省这次在选举全国党代表时，组织部门大胆创新考察方式，组织生产和工作一线的党代表人选参加遴选见面会，60 多名来自基层一线的初步候选人面对 16 名评委，以自选一题作答的方式，即兴发言 5 分钟。对农民工党代表闫文静的考察就是这样进行的。闫文静选择的题目是“结合自己的实际情况，谈如何履行好党代表的职责”。结果她从自己外来务工人员身份出发，结合中山的实际，谈了引导外来务工人员提升综合素养，如何在服务社会中更快地融入当地生活。闫文静通过了组织部门的“差额考察”，然后提交省委全委会进行差额讨论，讨论通过后作为党的十八大代表的初步候选人在广东省第十一次党代会上进行差额预选。

年仅 26 岁的闫文静（后排居中）是广东省十八大代表中唯一的农民工党代表

按照中央的有关规定，党代表正式选举产生后需经过资格审查才能成

相关链接

"五种情形"人员零当选

"五种情形"人员：一是近五年来因严重违纪受到党纪、政纪处分的；二是近五年来受到刑事处罚的，或有涉黑涉恶行为受到处理的，或有涉嫌违纪违法犯罪正在立案处理的；三是组织、参与非正常集体上访的，或组织封建迷信活动、参加邪教活动等造成社会恶劣影响的；四是近五年党员民主评议中，有被确定为不合格等次的；五是丧失行为能力的。

为正式党代表。对于这个环节，许多地方实行资格审查前移，以确保把不符合参选资格的人提前筛选出去，杜洪英所在的玉环县就是这样执行的。玉环县按照"五种情形人员不得当选"的要求提前对初步候选人进行资格审查，表面上看是减少了一道程序，但实际上更利于把德才兼备的党代表选出来。

"三上三下"

《中国共产党地方组织选举工作条例》对党的地方各级代表大会代表的产生作了如下程序规定：第一，选举单位按照分配的名额，采用自下而上的方式提名，经过充分酝酿协商，根据多数党组织或多数党员的意见提出代表候选人初步人选；第二，选举单位对候选人初步人选进行考察；第三，选举单位召开党的委员会全体会议确定代表候选人预备人选，报召开代表大会的党的委员会审查。这三道程序被俗称为党代表选举的"三上三下"，实际上是确定和产生候选人预备人选的全过程。

陈炎连所在的中山市横栏镇就是按照"自下而上，自上而下，上下结合，反复酝酿，逐级遴选，依章选举"的要求把他作为市党代表的候选人。

"一上"，横栏镇党委以各村党支部为单位组织党员根据代表条件进行广泛推荐提名，按照多于应选名额30%以上的比例提出代表候选人推荐人选名单，上报市委组织部；

"一下"，市委组织部电话答复代表候选人推荐人选名单，反馈给横栏镇党委；

"二上"，横栏镇召开党委扩大会议，以多于代表名额20%以上的差额比例，提出市党代表候选人初步人选名单，上报市委组织部；

"二下"，市委组织部电话答复代表候选人初步人选审查情况，反馈给横栏镇党委；

“三上”，横栏镇召开党委会，对候选人初步人选名单进行圈选，按不少于应选代表数 20% 的差额比例确定代表候选人预备人选，征求纪检部门意见后报市委组织部初步审查，并在横栏镇范围内以党内文件的形式对代表候选人预备人选进行公示 3 天；

“三下”，市委组织部批复代表候选人预备人选名单，下发到横栏镇党委进行选举。

五、预选就是一场大考

自党的七大开始，党代会就引入了预选制度。如果说，“三上三下”的过程是“外部差额”，那么预选就是“内部差额”，这是党代表产生的关键环节。

党代会纪律真严格

2011 年 7 月 30 日，中国共产党长沙市委组织部给长沙市党代表发来了一份参加市党代会的函，来函称:“为保证换届工作顺利进行，中央纪委、中央组织部印发了《关于严肃换届纪律保证换届风清气正的通知》，对换届纪律提出了明确要求。现将《通知》送给您，请认真学习，自觉遵守，加强监督，坚决抵制各种不正之风。您如果发现违反换届纪律的行为，请及时向组织反映。”最后，来函附列了省委组织部、市委组织部的举报电话和举报网站。张国庆说，像这样的来函她已经收到多次了，在参加市党代会之前，有关部门已经组织党代表学习了中央纪委和中央组织部提出的“五个严禁、十七个不准、五个一律”的换届纪律。

2011 年 9 月 20 日，是张国庆参加长沙市第十二次党代会的第一天。这一天，大会首先发下来一些材料，其中就有一份中国共产党长沙市纪委的文件《关于严肃市第十二次党代会期间纪律确保风清气正的通知》，文件中规定了“十一个不准”的大会纪律。张国庆认真学习了这份文件。作为一名老代表，张国庆很重视换届纪律，也严格按照换届纪律来要求自己。大会期间，大会主席团也反复强调换届纪律，以引起代表们的高度重视。

2012 年 6 月，在参加浙江省第十三次党代会期间，来自玉环县的省党代表总共 4 人。作为一名新代表，杜洪英在参加省党代会时想到严格的大会纪律心里有点紧张，生怕自己不小心或者无意识地违反了纪律。好在来

换届纪律“5 个严禁、17 个不准、5 个一律”

5 个严禁	17 个不准	5 个一律
一、严禁拉票贿选	1. 不准在民主推荐、民主测评、组织考察和选举中搞拉票等非组织活动，通过宴请、安排消费活动、打电话、发短信、当面拜访、委托或者授意中间人出面说情、举办联谊活动等形式，请求他人给予自己关照；	对拉票贿选的，一律排除出考察人选，已列为候选人的取消候选人资格，已经提拔的责令辞职、免职、降职或者依法罢免，贿选的还要依纪依法处理；参与或者帮助他人拉票贿选的，比照为自己拉票贿选的行为给予相应处理。
	2. 不准贿赂代表；	
	3. 不准参与或者帮助他人拉票贿选。	
二、严禁买官卖官	4. 不准以谋取个人职务晋升、调任、转任、留任或者提高职级待遇等为目的，贿赂他人；	对买官卖官的，一律先予停职或者免职，再根据情节轻重进一步给予组织处理或者纪律处分；涉嫌违法犯罪的，移送司法机关依法处理；通过行贿手段获取的职务坚决予以撤销。
	5. 不准利用职务上的便利以为他人谋取职务晋升、调任、转任、留任或者提高职级待遇等为目的，索取、收受或者变相索取、收受贿赂。	
三、严禁跑官要官	6. 不准采取拉关系、走门子或者要挟等不正当手段，谋取职务或者职级待遇；	对跑官要官的，一律不得提拔重用，视情节给予批评教育或者相应的组织处理，并记录在案；对搞封官许愿或者为跑官要官的人疏通关系、说情、打招呼的，要严肃批评，造成用人失察失误等严重后果的还要追究责任。
	7. 不准封官许愿，或者为他人提拔调动说情、打招呼。	
四、严禁违规用人	8. 不准违反规定程序选拔任用干部；	对违反规定作出的干部任用决定，一律无效，并严肃追究相关人员的责任。
	9. 不准突击提拔调整干部；	
	10. 不准任人唯亲，指定提拔调整人选；	
	11. 不准违反规定超职数配备领导干部，或者违反规定提高干部的职级待遇；	
	12、不准利用职务便利私自干预下级或者原任职地区、单位的干部选拔任用工作；	
	13. 不准私自泄露民主推荐、民主测评、考察、酝酿、讨论决定干部等有关情况。	
五、严禁干扰换届	14. 不准以威胁、欺骗等手段妨害代表自由行使选举权、被选举权和表决权；	对干扰破坏换届选举工作的，一律严肃查处，涉嫌违法犯罪的移送司法机关处理。
	15. 不准编造、传播谣言，诬告陷害或者侮辱诽谤他人；	
	16. 不准在换届选举期间私自向代表赠送纪念品和散发各种宣传材料；	
	17. 不准阻扰对违反换届纪律问题的调查和处理。	

参加党代会之前，已经收到会务组发给代表们的《严肃纪律换届宣传手册》和“换届纪律提醒卡”。《手册》中编入了中央编印的警示材料以及浙江省近年来通报的违反换届纪律典型案件，以警示代表们在换届过程中要严肃纪律；“提醒卡”则是将选举纪律简明扼要地印制在卡片上，以随时提醒代表们。开会时杜洪英把《手册》、“提醒卡”放在口袋里，会议休息时就拿出来看看，卡上内容她已记得滚瓜烂熟，要不然，会议组如有人打电话来临时抽查或者填写小测验时答不上，她觉得会很丢面子。

晚上，杜洪英独自一人待在宾馆，没有出去转转或会会朋友，她想避嫌，心想自己是组织部的同志，更应带头遵守纪律。再者，她对自己能当上省党代表已经感到很满足了，要珍惜这份荣誉。

候选人面向选举人亮相

2009 年，党的十七届四中全会提出，要“完善党内选举办法，改进和规范选举程序和投票方式，改进候选人介绍办法”。在 2011—2012 年地方各级党组织换届过程中，一些地方改进了候选人介绍办法。

杜洪英经历了 2012 年 2 月台州市党代会选举省党代表的预选过程。开会前，她并不知道自己被列为省党代表的候选人。大会的第一天有一个重要议程，就是推举并成立大会主席团，主席团要把每一位省党代表的候选人介绍给所有的出席代表。以前，党代表候选人都是通过书面材料介绍，而这一次却要求候选人走上主席台与大家见面。

党代表候选人按照大会主持人的报名顺序排好队，一个一个走上主席台。当大会主持人叫到杜洪英的名字时，她感到心在砰砰地跳，她努力控制好自己的情绪，按照要求，先向大会主席台鞠躬，然后向台下选举人鞠躬。之后站在主席台上听主持人介绍她的情况。由于书面材料已经分发给所有代表，大会主持人介绍时比较简单，只讲有特点的内容。介绍完毕，杜洪英再次向全体选举人鞠躬，然后走下主席台回到自己的位置上。

浙江省党代表候选人登台面向选举人亮相

是大伙把我“托”起来的

张国庆经历过的大大小小的选举恐怕她自己也很难数清楚有多少次了。社区居委会主任、区人大代表，区、市、省、全国党代表，每一次都需要选举，而每一次她几乎都能在竞选中获胜。对于这种幸运，用张国庆自己的话说是“组织关心，也是大伙把我‘托’起来的”。

她这样说有她的理由。因为她关心社区的居民，已经和他们建立了深厚的感情。每当居委会投票选举的时刻，要是看到有人没投张国庆，居民们就会直接和那个人理论。到真正开始投票时，十几个人站在投票箱前替张国庆说话。而且每次投票选举时，那些刑释解教人员就肯定会回来投她的票。有一次居委会换届，有一个人出来同张国庆竞选，他的父亲出来帮忙拉票。这时，社区居民大都直截了当地告诉那个竞选人，他们肯定会投张国庆一票。居民们对张国庆的爱护给了她一种勇气，她觉得无论参加什么选举，总有一种力量在“托”着她，这种力量就是党组织，就是党员群众。

比如，在参加 2006 年 11 月的省第九次党代会的投票当天，张国庆所在的长沙市代表团就有人说她应该会是全国党代表候选人。她听到后没有吭声，一来自己心里没有底，二来还是要遵守大会纪律。结果等到候选人名单发下来后，张国庆一看还真有自己的名字，她也不敢声张，尽管很希望能过预选这一关。这时，代表团团长先开始宣布选举纪律，也对主持好这次预选工作表了态，然后预选正式开始。结果是张国庆通过了差额预选，成为湖南省党的十七大代表正式候选人。在这次预选中，同她一起作为候选人的一位市委书记落选了。成功当选为十七大代表后，张国庆感到很荣幸，她对社区居民说，是组织和群众把她“托”进了十七大代表的行列。

当场唱票——心都揪起来了

2011年9月20日，是张国庆参加中国共产党长沙市第十二次党代会投票的日子，在这次大会上，张国庆被大会秘书处确定为主席团成员。当主席团推荐她为省党代表候选人并提交各代表团酝酿讨论时，她心里没了底。考虑到全市这么多党代表，还要进行差额选举，她觉得自己肯定选不上。于是她也就没有那么多顾虑了，觉得选上当然好，选不上党代表就当好区人大代表。

主席团根据各代表团酝酿的情况确定了预选候选人名单再提交大会进行预选。预选投票前，有人提前恭喜张国庆，并说她肯定能当选。张国庆只是笑了笑，不敢多说，因为投票是很敏感的话题。但是，当大会各个代表团进行正式预选时，张国庆的心还是悬了起来。投票在各个代表团中进行，然后把选票集中到主席团。唱票的那一刻，张国庆真感到有些紧张了，怕票数低，没有面子。在和代表们坐在一起等待结果的时候，她已经有点走神了。当唱票人报到张国庆的名字并宣布得票数的时候，张国庆心里的石头这才着了地，她知道自己成功了，党代会上选举人一共700多人，自己得了644票。

社区居民向作为党代表候选人的张国庆（左一）表示祝贺

六、正式选举也不轻松

正式选举是党代会选举中重要的一环，虽然没有预选那么惊心动魄和“残酷”，但也不轻松。按照规定，在正式选举中，当选人得票数必须超过到会选举人数的一半。如果得票超过半数的候选人多于应选名额时，则以得票多少为序，至取足应选名额人数为止。如遇票数相等不能确定候选人中谁当选时，应当对票数相等的候选人重新投票。得票超过半数的候选人少于应选名额时，不足的名额可以重新选举产生。得票超过半数的候选人如接近应选名额，经大会主席团酝酿，并征得代表同意，也可不再进行选举。所以，正式选举表面上看起来像“等额”选举，实际上也要比拼得票率，对代表而言，仍然不轻松。

“等额”选举也体现差距

2006年，张国庆参加了湖南省第九次党代会，这次大会上她成功通过党的十七大代表候选人的预选，第二天开始进入正式选举的环节。

正式选举是在大会上公开投票。大会主席团已经提前把差额以后的正式候选人名单发给了各位代表。由于大会已经经过了差额筛选，张国庆感觉到剩下的人都非常优秀，加之已经对候选人的情况有所了解，于是她给所有的候选人都投了一票，当然也给自己投了一票。投票时，她的眼睛稍稍瞟了一下周围，发现有的代表投票时并没有全选，她也能理解，因为这是每位代表的权利。

正式唱票结束后，电子屏立刻显示出每位候选人的名字及得票数。张国庆记得很清楚，中央提名的候选人和省里面的主要领导都得了满票。但是，其他候选人的得票就有差距了，有的相差十几票，有的相差几十票，最多的与全票差出一百多票。张国庆认为，党代表正式选举时也是动真格的，大家背靠背，投票的时候都有自己的主见。值得高兴的是，她的得票不但过了半，而且与全票只差两票。

外来务工人员获得了888票

在广东省第十一次党代会上，闫文静作为广东省农民工党的十八大代表候选人通过了预选，第二天她作为正式候选人参加了大会的正式选举。

正式选举这一天，陈炎连很留意这位姑娘是否能当选。投票时，陈炎连发现各位代表都在默不作声地填写选票。一些代表边填写选票边翻查候选人的基本情况，投票的时间很长，用陈炎连的话说，大家都很重视自己手中的这一票。正式投票开始了，代表们陆续走到投票箱前把选票塞进去，投票一结束，计票结果就迅速出来了。

大会要求各个代表团推选监票人上台监票，于是在监票人的监督下，闫文静作为十八大代表候选人得到了888票（全票在900左右）。但是，陈炎连也注意到，有些候选人尽管也成功当选，但是与全票差了很多，各位候选人的“人气”毕竟不一样，从选票数就能看出差距。

选举也有科技含量

由于技术上的不断创新，过去在选举中依靠人工计票和在选举现场依靠工作人员来维持选举纪律的做法逐步被电子技术所取代。目前，在全国各地的党代会选举现场几乎都安装了电子投票箱等设备，“电子民主”开始在中国共产党党内民主中占有一席之地。

电子投票箱

林永明在参加市和省党代会时学会了投带有电子码的选票。选票的设计很新颖，每个代表都提前模拟学习，以免投出废票。

电子选票的设计与普通选票不一样。在区党代会上，林永明记得投票时只需在候选人后面画叉或圆圈即可，最后用人工计票。市和省党代会的选票是在每一位候选人后面设计了三个方块，第一个是赞成票，第二个是反对票，第三个是弃权票。选举人需要用专用的铅笔把自己选择的方块涂黑。但选举人必须而且只能选择其中一个格子，多选或不选都属于废票。

为了让每位选举人学会填这种电子选票，在投票前一天的会议结束后，大会主席团专门安排大家进行模拟投票，以检验是否有人投出废票。

正式选举时，投票相当严肃，也相当紧张。每位选举人坐哪个位置，要等到投票前那一刻才知道。开始投票时，大会主席团给每一位选举人发一个座位号、一支铅笔和一张选票，选举人坐在自己的位置上才开始正式投票。

选举人将填好的选票塞进大会现场的电子投票箱，投票箱自动计数，投票结束，统计结果也随即出来了。与区党代会的人工计票相比，大会从开始投票到最后宣布投票结果，足足快了近一个小时。

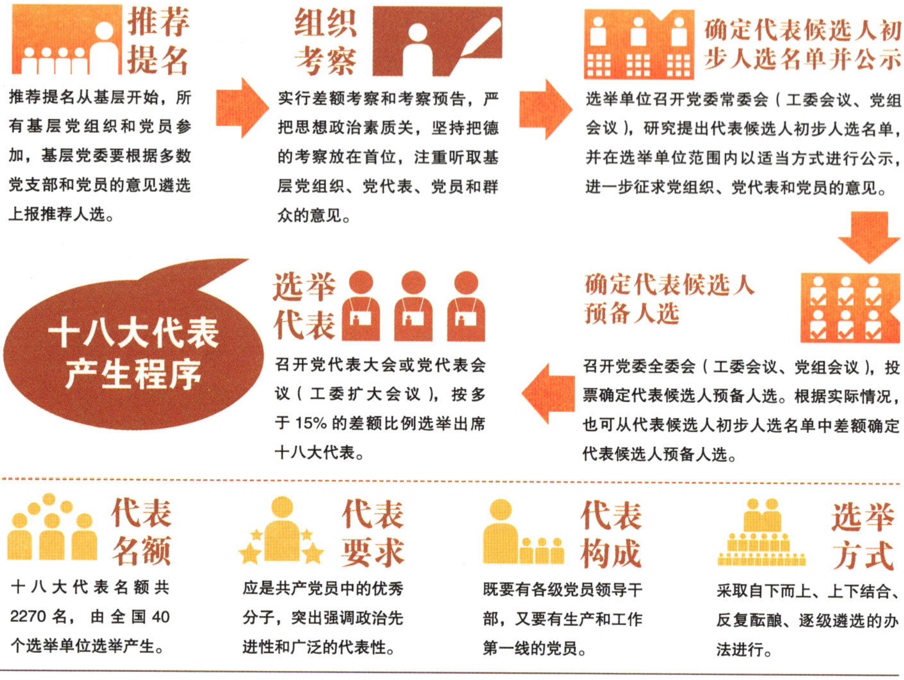

十八大代表产生程序（转引自中国共产党新闻网）

七、当选代表的感言

经历并通过层层筛选之后，每一位党代表如释重负，有激动的、有荣幸的、有平淡的，但无一例外，在当上党代表后，他们都从内心感激组织和群众给予的信任，并感到肩上的责任更加重大。五位党代表各自的表白也许能说明他们成功当选后的心境。

不敢相信自己能当上市、省党代表

杜洪英当过县人大代表，但从来没有当过县党代表。在台州市召开党代会之前，有人对她说："杜大姐，我们这次准备推荐你为台州市党代表。"她不相信，说："不会吧，县党代表都没当过，怎么能当市党代表？"同时她也觉得，当党代表会很麻烦，开一次会一个星期，自己要是去开会了，档案没人管，别人来查档案怎么办？再则，自己的能力有限，教育、体育、卫生……这些领域她都不熟悉，她只是一个管档案的。结果没想到，她真的被县里推荐为市党代表候选人，市里又推荐她为省党代表候选人，最后顺利当选。

当上党代表后杜洪英的压力可大了。先前她觉得党代表要代表那么多党员，万一自己这个代表当不好，给家乡人民丢脸怎么办？到后来选上了，她又想既然大家已经把自己选上来了，就是一种信任，自己必须当好这个代表，要经常到下面走访党员群众，听听他们有什么反映，可以写一些建议、议案。当好党代表自己还要多学习，只有学好党的文件和政策，平常才能多给普通党员群众讲解党的政策和传达文件精神。尽管杜洪英说她当选后想得不多，实际上她已经在为当好党代表悄悄做准备了。

当代表就是要奉献

陈炎连当选后的感受也十分深刻。从小家庭给他的责任感教育使他觉得，不管做什么事情，都要对得起给自己荣誉与恩惠的人。

从当选市党代表再到选为省党代表，陈炎连完全没有想到会有这样的结果，当选的时候觉得很突然，不知道如何面对，心里有很大的压力。但是经过组织上的一番开导后，他明白了要将压力转换为动力，想方设法去当好这个代表，在工作中切切实实地为党员、为村民、为老百姓提供服务。当选市、省党代表是上级党组织对像自己这样的全国劳动模范的重视。作为党代表，一定要经常收集并反映老百姓的民意，把基层党员群众的意见向上级部门反映。

陈炎连（右下一）参加广东省第十一次党代会中山代表团会议

当党代表还要有奉献精神。在广东农村，大家都想赚钱，没有多少人愿意当干部，因为干部工资不高，只有拥有为民服务、甘愿牺牲个人利益的心态的人才会真正愿意涉足这个领域。“党代表不但要考虑自己致富，也要考虑普通党员群众致富。”陈炎连说，看到农民赚钱了，生活好了，就觉得自己的心愿达到了，当上党代表后唯一的愿望就是要好好把握机会，把代表的工作理顺了，让党员群众满意，自己的任务就完成了。

呼吁保护母亲河

才哇对自己能一路顺利过关成为党的十八大代表，感到荣幸万分。同时也感到压力特别大，因为他觉得自己文化水平低，能力不强，要把党的路线方针政策准确传达下去，对他来说难度很大。但是既然选上了，就要全力以赴，不断地学习，让自己成熟起来，负更多的责任，履行好党代表应尽的职责和义务，尽早成为一名合格的党代表。

才哇说，当上县党代表后，自己很兴奋，整晚上睡不着，感觉自己要是多一点文化就好了，脑子里老是想着这件事。当上州党代表后，才哇心里感到更加高兴，但压力也更大了，心想怎么去实现大家的愿望？怎么把压力变成动力，真正把党的路线方针政策跟老百姓讲清楚？当上省党代表以后，才哇已经忘了为自己高兴，冥思苦想的就是怎么把党赋予的这个重大责任转化为给老百姓带去幸福与快乐。

当上十八大代表以后，才哇认为自己代表了青海省，代表了整个藏族地区的共产党员和普通群众。他接下来要做的就是去深入了解老百姓在想什么、在做什么，如何如实地将藏族人民的民情、民意反映上去传达给中央。才哇还有一个宏伟的想法，就是呼吁党中央保护好中华民族的母亲河，保护好三江源，防止西部省份脆弱的生态环境持续恶化。他希望自己的这份“提案”能够得到中央的重视，得到全国人民的支持。

伫立在长江上游通天河畔的“三江源自然保护区”纪念碑

要请客就请老百姓

张国庆是“老”代表了，当选后的她表现得淡定和成熟。在当选为党的十八大代表后，许多人来恭喜她，要她请客。她开玩笑说:“请客没问题，但看如何请？请谁？如果我到北京去开会，大家有什么想法需要表达、需要递上去，或者有什么批评建议，我都一视同仁。但是，请客的时候还是应该请老百姓，如果请了一部分人吃饭，没吃上饭的人会怎么想？别人会不会在外面议论我张国庆有什么想法了。”张国庆认为，要请客就应该在自己平时的工作中去“请”，请所有的人。为此就要调整心态，无条件地给党员群众做好事，帮助他们解决困难，多登老百姓家的门，多与他们谈心，这样的请客方式张国庆很乐意。

当上党代表就有“特权”

林永明当党代表是头一次，心里有一种强烈的自豪感、神圣感，同时也感受到了一种使命感、责任感。此后，每次村里和镇上的党员们说向他学习，林永明就说别向他学习，其实所有的党员包括他在内都应该发挥带头作用，在各个领域创先争优，推进大用镇的农业大发展、大变化。当上党代表以后，林永明瞬间感到自己拥有了一股特殊力量，他把这股力量称为“特权”。

林永明认为，当上党代表以后，自己能更加积极主动地为党员群众服务，这就是“特权”。比如，过去有事情想不到去找上级领导，现在找他们多了，更容易把基层老百姓的声音带给他们听。他认为，自己所要做的就是发挥好对上沟通、对下指导带动的作用，发挥好党代表联系干部和普通党员群众的桥梁作用。他认为，尽管当党代表之前没办过这些事，但是当上了党代表，有了“特权”，就要把这些事办好。

履职故事之走近党代表

第二部 党代表有权也有责

党代表一样也能“当家作主”。他们审议党委和纪委的报告；他们在基层汇集民意向党代会提交提案；他们应邀列席常委会；他们当上了“大众评委”，可以参与选拔干部；他们也有自己的“民事诊所”。

代表由于是常任的，要向选举他们的选举单位负责，就便于经常地集中下级组织的、党员群众的和人民群众的意见和经验，他们在代表大会会议上，就有了更大的代表性，而且在代表大会闭会期间，也可以按照适当的方式，监督党的机关的工作。

——摘自邓小平：《关于修改党的章程的报告》

1988 年，在现今的浙江省台州市椒江区开始试行党代会常任制。在那里，党代表成了名副其实有权有责的代表。2002 年，党的十六大把试行党代会常任制写进了党代会报告，要求在全国市、县扩大试点。从此，党代表就更“给力”了，许多地方的党代表从“五年一代表”变成了“天天党代表”。

一、党代表与人大代表有啥不一样

英国学者安德鲁·海伍德对“代表”一词的含义作了如下解释：在日常用语中，“代表”的意思是“描画”或“展示”，如当一幅画被认为“代表”了一处场景或一个人时。作为一项政治原则，“代表”是一种关系，通过这种关系一个人或一个团体得以为更广的人群的利益而奋斗或行动。[①]在当代中国，有一个政治术语经常被提及——“两代表、一委员”，其中“两代表”指的就是党代表和人大代表。那么作为一项“政治原则”，党代表和人大代表有什么区别吗？许多党代表在当选之前都有当人大代表的经历，对于这个问题，这些党代表有感触，也有发言权。

① ［英］安德鲁·海伍德：《政治学核心概念》，吴勇译，天津人民出版社 2008 年版，第 179 页。

不同的代表，共同的使命

“关于党代表和人大代表这两个工作，在本质上是没有冲突的，也许有人会认为这两个工作有冲突。但是对于我本人来说，在人大代表和党代表工作上，我认为还是一种平衡的关系，都是为群众服务，行使监督权利。”广东省党代表陈炎连话虽然不多，但每句话都有道理。

陈炎连曾连续两届任镇人大代表。当选后，他借国家发展“三高”农业的东风，和村干部们一起积极寻找脱贫致富的道路。在陈炎连的带动下，三沙的花卉种植由个体化种植向基地式发展，以带动群众共同致富。起初，陈炎连本人租赁了56亩的土地种植花木，成为了三沙村花木种植的领军人物。在个人创业致富、发展经济的同时，陈炎连请来农业种植专家为村民讲授种植知识，并将自己多年积累的经验，毫无保留地传授给村民。在他的带动下，三沙村的经济翻了一番，村民收入也跟着翻了几番。

在当选党代表以后，陈炎连全力协助横栏镇政府搞好横栏花木基地的建设，成功申报了“中国花木之乡”称号。目前，横栏花木种植已经发展成为总部经济模式，花木的品牌效应为横栏农业经济的再一次飞跃奠定了基础。

陈炎连（左一）带动村民一起搞花木种植

浙江省党代表杜洪英也是资深人大代表，根据她长期的工作经验，也感觉人大代表和党代表在服务群众上殊途同归。在杜洪英看来，党代表就是党员群众的“麦克风”，他们把党员群众的心声、意愿汇聚起来，在开党代会的时候，把这些心声和意愿通过提案的形式反映上去。就履职的方式而言，党代表与人大代表没有太大的区别。

人大代表是人民的代表，是人民的喉舌，所以要为民说话，为民呐喊。党代表是党员的代表，也是群众的喉舌，同样也要为群众说话，为群众呐喊。

张国庆在当人大代表时以敢说直言著称，在群众中享有很高的威信，被社区居民称为“老大”。张国庆当选区党代表以后，一些社区主任来找她，他们认为张国庆说话很有分量，希望她在党代会上提出提案，提高社区工作人员的工作待遇。张国庆欣然同意了他们的请求。但是她很清楚，党代表只有提案权，提案是否被采纳变成党委政府决策那不是一个党代表所能决定的。所以，张国庆劝大家不要期望单靠一次提案就能解决这个问题。

张国庆的党代表证和人大代表证

张国庆在市、区、省三级党代会上都非常大胆地提出了社区工作人员的待遇问题。她在党代会上为社区工作人员据理力争。她告诉与会的党代表，社区工作人员的工作量大大超出普通人能够承受的负荷，“5+2”、“白 + 黑”[①]是常态，但是工资才一千多块。社区是社会的神经末梢，工作面广、事情复杂，如果不提高待遇，就会导致留不住人，将来开展社区工作难以为继。张国庆的大胆呼吁终于引起了广泛关注，为此，省委省政府专门出台了保障社区工作人员待遇的优惠政策。

党代表的提案更宏观一些

林永明在当党代表之前曾经担任过人大代表。在当镇人大代表的时候，他屡次为老百姓提议案，涉及农村生活的各个方面。当沈八村的泥河发大水淹地的时候，他就提出预防河水淹地的议案；当他发现道路不通阻碍地方经济发展的时候，他又提出修路进镇的议案；当他看到村里的孤寡老人

① “5+2”、“白 + 黑”是基层群众对基层干部工作辛苦的形象描述。所谓“5+2”是指工作时间覆盖周一至周五的工作日以及周六至周日的休息日，“白 + 黑”是指工作时间覆盖白天和晚上。

生活没有着落的时候，他又提出保障五保户基本生活的议案。“每年一议案”已经成为林永明当人大代表的基本任务，人们都笑称他为“议案专业户”。

让林永明始料未及的是，凡是他提出的议案都有答复，这让他心里感到美滋滋的。尤其是给老百姓建五保家园的事儿，在地方政府的大力支持下，还真就建了起来，让他觉得很有成就感。

当了多年的人大代表，现在又当党代表，林永明对这两个不同角色自有一番体悟。他觉得当人大代表与当党代表还是有所区别，觉得党代表的提案相对更“宏观”一些，不好提。

林永明的感觉与党代表、人大代表不同的政治角色有关。党代表、人大代表分别是我国政治体制中党的代表大会、人民代表大会的主体。人大代表由人民选举产生，代表全体人民依法行使管理国家和社会事务的权力，参与作出的决策对全体公民都具有约束力。党代表由党员选举产生，代表党员行使党内决策、监督的权力，其职责、身份和地位受党内法规保护，参与制定出的路线、方针、政策对全体党员有约束力。

也就是说，人大代表直接面对的是政府机构，而党代表直接面对的是党的机构。这就给林永明一种印象，人大代表的议案是针对政府机构，而党代表的提案似乎没有专门的政府部门与之对应，所以林永明感觉到党代表的提案相对难把握。

浙江省党代表杜洪英也说出了类似的想法，当人大代表可以直接找政府，解决问题比较直接方便。杜洪英认为，如果一个农民企业家当上了人大代表，他就可以为这个村讲话，他可以直接向县里领导争取资金，争取项目。如果不是人大代表，就没有这种机会。但是，当党代表主要针对党的建设领域的问题，提出宏观的意见和建议，对代表的履职能力是一种考验。

二、书记报告我审议

19 世纪美国内战时期，有一位名叫罗伯特的将军，一次由他主持军民共建的会议，大家吵得不可开交，结果会议开砸了，什么协议也没有达成。罗伯特从此立志，一定要设计出一套议事规则来，把会开好。经过多年努

力，1876年《罗伯特议事规则》问世了，该书出版以后迅速售罄。这本书在中国也产生巨大影响，1917年孙中山就参照此书写出了《民权初步》的小册子。在书的自序中他写道：“夫议事之学，西人童而学之，至中学程度，则已成为第二之天性也。”孙中山认为，清朝不允许人民开会，以致人民不会开会，团结不起来，变成一盘散沙。此书就以教国民如何开会为“行民权”的第一步。由此可见，学会开会其实是各国政治生活中非常重要的环节。

党章对各级党代会的职权有一些共性的规定：党的代表大会听取和审查同级委员会的报告；听取和审查同级纪律检查委员会的报告；讨论重大问题并作出决议；选举同级党的委员会和纪律检查委员会。

“报告明白我的心”

审议党代会报告是党代表的一项重要职权。通过审议党代会报告，党代表可以参与地方和中央党组织的重大决策，把他们的所思所想，把选区党员群众的心声带到党代会，真正发挥党内“代议士”的作用。

广东省委主要负责同志在省党代会上所作的报告让陈炎连激动不已，因为他在报告中看到了花木种植的光明前景。陈炎连说，虽然他只有小学文化水平，但是能够听出大会报告是一份富民的好报告。他对报告中的强化绿色发展和“三农”转型升级印象深刻。

在审议大会报告的小组会议上，陈炎连结合报告精神，非常自信、非常自豪地向大家介绍了自己的“发迹史”，畅想着光明的未来。他说现在横栏花木种植面积逐年倍增，目前已超过2万亩，辐射板芙、神湾，以及江门新会、珠海斗门等周边地区，客户遍布近30个省市和地区，

> 参加中山代表团审议的领导梁伟发击掌叫好，对陈炎连竖起了大拇指：“你说自己没文化，可我觉得你是花木种植的‘博导’和‘教授’！”

年销售超过 10 亿元。

杜洪英认真聆听了省党代会的报告，对每一句话都仔细阅读、认真审议。她认为，那是一个承前启后、求真务实、鼓舞人心的报告，提出了建设物质富裕、精神富有的社会主义现代化浙江的奋斗目标，描绘了浙江发展的美好愿景。同时，杜洪英在审议浙江省党代会的报告时，凭着高度的责任感和使命感，充分行使了民主权利，把自己最直观、最朴素的看法大胆而真实地在大会上作了交流。

提起 2012 年 4 月 20 日召开的黑龙江省第十一次党代会，党代表林永明仍然记忆犹新，掩饰不住内心的激动。谈到党代会报告，林永明显得很兴奋，因为党代会报告对发展现代大农业有着明确的阐述，给他发展事业带来了更强的信心。“我们省委书记的报告，第一篇就谈到着力发展现代大农业，包括规模化、机械化、水利化、科学化、产业化等七条。”党代会报告开篇就谈到发展现代大农业，对大农业的重视程度之高显然在林永明的意料之外。于是，在分组讨论的时候，林永明抢着发言 :“这个报告写得太好了，明白我的心，我想提的基本上都谈到了。”

党代表发言有分量

党代会的基本议程，分为预备会议和正式会议。预备会议一般由上届党委（常委会）主持召开，它的主要任务是 : 通过大会主席团和大会秘书长名单 ; 通过代表资格审查委员会名单 ; 通过代表大会议程 ; 通过有关确认事项。由于主席团和秘书长是党代会的重要构成，对会议进程有着重要影响，它按照大会议程主持会议、组织大会的报告和讨论、主持大会的选举工作和组织讨论通过大会的决议。因此，通过预备会议选举产生主席团就是党代表们重要的任务。

在省党代会开会期间，选举新一届省委委员、候补委员、省纪委委员以及出席党的全国代表大会的代表无疑是重头戏。同时，分组审议省党代会报告也是非常重要的，因为这份报告和每位党代表的日常工作更加息息相关。

与选举相比，分组审议党代会报告就显得不那么拘谨了。党代表们可以在自己所在的小组畅所欲言。因为，小组会议是按照选举单位来分布的，所以参会人员之间相互比较熟悉，小组讨论的时候相对轻松一些。

张国庆在参加小组会议时，开始有所顾虑。省委的主要领导鼓励她说：

“你对这个报告有什么见解，有什么话尽管讲，讲出来都没问题，发言的时候不要有顾虑，不需要考虑领导怎么讲的，你想怎么讲就怎么讲。”

在这位领导的鼓励下，张国庆酝酿了发言稿，准备下午发言。下午，某市一位干部代表正要讲话，话筒却被张国庆给“抢”了过去。她对这位代表说:“省领导说基层优先、女士优先，现在应该让我们基层代表先发言。”于是张国庆兴致勃勃地讲了她的社区管理经历，鲜活的社区故事让在座的党代表们听得津津有味。

在玉环县党代会上，会议的议程和省党代会、全国党代会类似。先由县委书记作报告，然后纪委书记作报告，之后分组讨论。作为特邀出席的杜洪英记得仅仅审议党代会报告就花了好几天的时间。代表们对党代会的报告逐字逐句地阅读推敲，在讨论的时候党委和政府各部门专门派人在现场聆听，相关部门对党代表提出的问题进行记录。

在玉环县党代会上，党代表的职权得到了较强的体现。党代表们争相发言，发言不仅仅是说说而已，而且有相关职能部门在大会现场听取。这样，既调动了党代表的积极性和责任心，使得党代表发言做到有的放矢；另一方面，也让各职能部门通过党代会这个平台了解到基层党员群众的心声，认识到自己工作的不足。

三、党员群众的代言人

关于党代表的提案权，党章并没有明确规定。十七大报告首次提出，完善党的代表大会制度，实行党的代表大会代表任期制，并对党章进行了修改。2008 年 7 月，中央印发的《暂行条例》明确规定了党代表的提案权，这意味着党代表通过提案来影响党内决策已经成为其履职的重要方式。

2011 年 12 月 26 日，11 名广州市党代表联名提出了关于加快广州北部城市副中心规划建设的建议，成为广州有史以来第一份党代会提案，也是此次党代会收到的唯一一份提案。这份提案的提出依据于 2010 年 2 月 11 日中共广州市委印发的《中国共产党广州市代表大会代表提案暂行办法》等 9 份规范性文件。根据文件，广州市党代表在党代会召开期间，可以向大会提交提案，提案针对的问题可以是市委、市纪委报告中涉及的事项，涉及本市范围的重大问题，涉及选举市委、市纪委和出席上级党代表大会或党代表会议代表的重要事项等。提案可以由 10 名以上代表联名的方式或代表团的名义提出。[①]

没有调查就没有发言权

“没有调查就没有发言权”，党代表要履行自己的职权，调查研究是基本功。为此，湖南、浙江都出台了相关规定，明确党代表的调查权。

张国庆履职的口头禅就是“没有调查就没有发言权”。她担任省党代表期间，利用工作之余，加强与省内其他街道社区的联系，了解新情况、掌握新问题。她先后赴省内张家界武陵源区、天心区和长沙县的街道乡镇调查，取得大量第一手材料。在省党代会期间，利用参会机会，向省委主要领导反映基层街道、社区办公场所建设中存在的报批难、规划难等问题，提出了切实可行的建议，得到省委领导的充分肯定，使一条专门为全省社区办公场所建设提供审批便利的“绿色通道”得以开通。

作为党的十七大代表，张国庆为了能向中央领导提供有价值的信息和建议，在本地广泛搜集社情民意的基础上，还特地前往张家界、湘潭等地开展社会调研。调研中，得知张家界市永定区永定街道欲为吸毒人员提供人性化关爱的想法后，张国庆专门介绍了自己所在的长沙市天心区天剑社区创办魔戒大院的经验，建议永定街道在摸底调研当地吸毒人员的基础上，发动楼栋长、退休党员、热心公益的社区居民共同参与关爱吸毒人员的活动。在她的帮助支持下，湖南省禁毒协会天剑社区魔戒大院教场分院在永定街道正式挂牌，张国庆不

张国庆（右二）在基层群众党员中间了解情况、倾听民意、化解矛盾

① 参见党代会报道组:《广州党代会史上第一份提案诞生》,《广州日报》2011 年 12 月 27 日。

仅为他们送去戒毒药品，还带着志愿者到该街道传授戒毒知识。

好提案必须有方案

作为党代表，如果仅仅是党员群众的“传声筒”那是远远不够的，更重要的是协助党组织找到解决问题的方案。

早在几年前，浙江省的党代表提案制度已经在台州、舟山等地试行，而2011年上半年出台的《浙江省地方各级党代表大会代表提案制度（试行）》，更是将党代表提案制上升到制度化层面，成为各级党委倾听民声、了解民意、掌握民情、集中民智的重要渠道。

浙江省推行的党代表提案制度让杜洪英初次尝试了如何履行党代表的提案权。为了做好提案，她专门了解了玉环县设立“对台交流合作实验区”建设的可能性以及相关准备工作，认识到设立“浙江省（玉环）国家级对台交流合作试验区”，能够为玉环赢得资金投入支持、财政政策支持、项目支持等好处，能为玉环的经济社会发展带来又一次腾飞的契机。

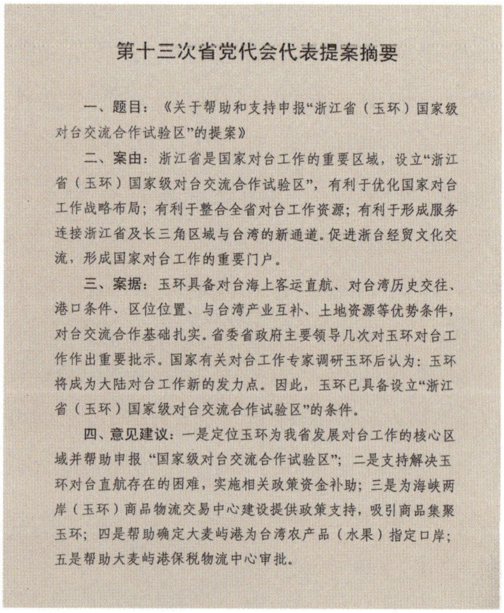

第十三次省党代会代表提案摘要

一、题目：《关于帮助和支持申报“浙江省（玉环）国家级对台交流合作试验区”的提案》

二、案由：浙江省是国家对台工作的重要区域，设立“浙江省（玉环）国家级对台交流合作试验区”，有利于优化国家对台工作战略布局；有利于整合全省对台工作资源；有利于形成服务连接浙江省及长三角区域与台湾的新通道，促进浙台经贸文化交流，形成国家对台工作的重要门户。

三、案据：玉环具备对台海上客运直航、对台湾历史交往、港口条件、区位位置、与台湾产业互补、土地资源等优势条件，对台交流合作基础扎实。省委省政府主要领导几次对玉环对台工作作出重要批示。国家有关对台工作专家调研玉环后认为：玉环将成为大陆对台工作新的发力点。因此，玉环已具备设立“浙江省（玉环）国家级对台交流合作试验区”的条件。

四、意见建议：一是定位玉环为我省发展对台工作的核心区域并帮助申报“国家级对台交流合作试验区”；二是支持解决玉环对台直航存在的困难，实施相关政策资金补助；三是为海峡两岸（玉环）商品物流交易中心建设提供政策支持，吸引商品集聚玉环；四是帮助确定大麦屿港为台湾农产品（水果）指定口岸；五是帮助大麦屿港保税物流中心审批。

杜洪英等党代表《关于帮助和支持申报“浙江省（玉环）国家级对台交流合作试验区”的提案》摘要

为此，她一方面积极配合港航局等有关单位对玉环申报“对台交流合作实验区”的优势开展调研，积极参与有关的政策研讨、规划编制等工作，挖掘出了玉环具备对台直航先发优势、港口及航线优势、对台合作交流的历史优势、对台文化交流基础优势四大优势；另一方面，她还积极参与玉环申报“对台交流合作实验区”存在的困难和问题的调研，通过深入的调研活动，发现在定位和申报、对台直航、海峡两岸（玉环）商品物流交易中心建设、大麦屿港台湾农产品（水果）口岸指定、大麦屿港保税物流中心审批五个方面都存在问题。

在明确了本地的优势和劣势后，杜洪英积极与其他党代表一同起草了

《关于请求省委省政府帮助玉环申报“国家级对台交流合作试验区”的建议》的提案，并在2012年6月召开的省第十三次党代会上依照十名以上的党代表联名的要求向大会递交了提案。

2011年7月，湖南省委办公厅印发了《省党代会代表提案暂行办法》。作为省党代表，张国庆深知可以利用手中的提案权来维护党员群众的权益，履行自己作为党代表的责任。在2012年省第十一次党代会上，张国庆提交了一份关于“鼓励大学生到社区就业，建立社区社会工作激励机制”的提案。她想建立一种激励机制，通过倡议大学生到社区工作来促进大学生就业。在她看来，社区是最基层的组织，也是最适合大学生就业锻炼的地方。天天与老百姓打交道，做好看似平平淡淡的事情，最能体现一个人的工作水平和综合素质，有了这个基础，一定可以干出更大的事业。

张国庆等党代表《关于建立鼓励大学生到社区就业从事社会工作的激励机制的建议》及相关部门、负责人的答复

这份提案受到其他代表的关注。大家觉得张国庆的提案是一举两得的好事，它既可以解决大学生就业，又可以充实基层工作岗位，有利于基层干部队伍稳定。于是，许多党代表都踊跃地在提案上签了名，张国庆的提案顺利提交。

不能让大鹰变成小鸟

才哇在当选为党的十八大代表后，自觉地意识到自己的权利和责任。他正在构思他的十八大“提案”。

才哇粗通汉语，为了履行党代表的职责，他把县、州、省三级党代会的报告拿到家里让女儿翻译。才哇对党的政策有了进一步的认识。但是，他也感到困惑，那就是党的政策在落实的过程中有时会层层打折扣。这似乎应了藏族的一句谚语：天上掉下来一只大鹰，到地上就变成了小鸟，到嘴里就变成了小虫。

为此，才哇想要通过他的影响力把这些政策完完全全、明明白白地传达给老百姓，把党的政策落实到位。

才哇认为，地震让玉树成为全国人民关注的焦点。玉树作为偏远地区、少数民族地区，又是一个受灾地区，国家给予了大力的支持，玉树人民心里永远铭记全国人民的恩情。但是偏远地区村社干部的素质还是偏低，各方面得不到培训，他们的观念还没有转变。所以，才哇认为要让村社干部“换脑筋”，必须加大培训力度，这样才可以与内地发达地区干部进行交流对话。于是，大力培训基层少数民族干部就将成为才哇带到党的十八大上的第一个心愿。

喝着三江源水长大的才哇对三江源有着深厚的感情。玉树作为三江源的核心地区，作为“中华水塔”，环境保护至关重要。玉树的环境是在破坏中重建，在重建中破坏。尤其是矿产的开采对环境的破坏是致命的，他亲眼见到一些采石场竭泽而渔，采光了石头，植被也被永远破坏了。如果环境保护不力，将会危害子子孙孙。所以，他建议国家

澜沧江源头——扎曲河在玉树藏族自治州囊谦县境内呈现出的网状水系

加大环境保护力度，少一些地勘、少一些开采。这是才哇在即将召开的党的十八大上想表达的第二个心愿。

才哇还有一个愿望，就是壮大村级集体经济。在青海省玉树州，村一级有集体经济的寥寥无几，集体经济不壮大，老百姓致富就没有门道。因此，他希望能够在这方面建言献策，并在党的十八大上提出来。

四、列席省委常委会的印象

2008—2012 年，张国庆多次受邀列席湖南省委常委会（扩大）会议。她观察到，在会议上，每个常委都会剖析自己的工作。他们谈得很好，既讲成绩也讲不足，每个人都结合自己的工作作批评与自我批评。

作为湖南省党代表，张国庆之所以能够列席省委常委会（扩大）会议，是由于中国共产党近年来在扩大党内民主过程中采取了一系列重要举措。

中央印发的《暂行条例》规定，党代表可以通过参加座谈、列席会议等方式，对本地区经济社会发展、党的建设等重大决策和党内重要文件的制定，提出意见和建议。该条例要求建立健全党内情况通报和党内事务听证咨询制度。党委常委会和全委会可邀请党代表列席，讨论涉及公众利益、需要公民广泛知晓和参与事项的党委常委会议，可以公开举行，邀请党员、人大代表、政协委员或公民列席旁听，确保党委权力在阳光下运行。

张国庆出席全省领导干部大会和省委九届十四次全体（扩大）会议的证件

在列席市委会议时，一次常委会（扩大）会议上的激烈“交锋”让张国庆这个列席的代表出了一身冷汗。她回忆说，市委书记在听取某部门工作汇报时提出了非常尖锐的批评。当时某工作部门正在大谈工作成绩，市委书记立刻把话打断，说长沙之所以能够取得这么好的成绩，离不开大家的努力，但最辛苦的还是基层干部，领导干部只是发号施令，大部分落实还要看基层。接着，市委书记要求这次常委会（扩大）会议“只讲差距”、“不讲成绩”。张国庆没想到市委常委会开得这么务实。有人说常委会开会都是形式性和程序性的，都是表扬与自我表扬、一片和谐。但是，张国庆的亲身经历表明，常委会会议可真不是人们所描绘的那样。市委书记对相关部门的批评很尖锐，并且不是市委书记讲完就完事，每个常委都要讲，互相评议。这让列席会议的张国庆十分震撼。

五、当上了党风监督员

实行党代表任期制，通过开展党代表民主评议党委工作和“两委”委员，参与调研、询问、质询、巡视等工作，是强化党代表民主监督意识、拓宽党内监督渠道、促进党员领导干部勤政廉政的重要手段。

2007 年，中国共产党湖南省纪委出台了《聘任党风监督员暂行办法》，刮起了加强对重点部门和主要干部的监督风暴。党风监督员一年一换，这样一方面可以聘请更多社会人士参与，另一个方面也可以避免一些人情因素。

该《办法》列举了党风监督员的主要职责：根据省委和省纪委领导的意见开展专题调研活动；经省纪委安排，参加《中国共产党党内监督条例（试行）》所规定的有关活动或专项监督检查；经省纪委批准，向有关部门、单位和个人了解党风建设方面的情况；及时了解并反映党风方面的动态和热点问题，党员领导干部执行党的方针政策、遵守党纪国法和廉洁自律的情况，党员、干部对党风建设的意见和建议，党员、干部对纪检工作、纪检干部队伍建设和纪检干部执纪情况的意见和建议等。

党风监督员一般由省纪委集中安排开展工作，经省纪委授权也可独立开展工作。党风监督员可根据工作需要查阅有关文件资料；参加或列席有关会议；获得所提供信息的反馈，了解转递的检举、控告材料的办理情况；获得有关的书刊、资料等；参加纪检监察理论和业务知识的学习。同时，党

相关链接

社会主义监督体系

在我国构建的多层次、全方位的社会主义监督体系中，依据主体和手段的不同，可以分为不同的监督类别。如果把法律的监督简称法律监督，人大的监督简称权力监督，政府的监督简称行政监督，媒体的监督简称舆论监督，人民群众和政协的监督简称民主监督（包括党际监督），那么依据党纪的监督则简称党内监督，这是我们对不同监督形式通俗、习惯的称呼。其中，建立并完善党内监督体制、机制在中国共产党历史上具有重要地位，也是当前及今后党的建设的重要目标。

风监督员应服从组织领导，严守党和国家秘密，严格依法依纪依规办事。①

张国庆是党的十七大代表，湖南省纪委聘请她为特约党风监督员。当时党风监督员只对地（州、市）的领导干部进行考核评估，湖南省纪委和省委组织部每年都把这些党风监督员派下去。

有一次，张国庆与时任湖南省委组织部部长黄建国一同到地方巡视，黄部长对她说："你是女同志中的优秀分子，但是，第一不要有压力，第二要全程监督。我们的巡视就是要让有问题的干部发现问题，没有问题的干部工作得更好。巡视主要是为了挑毛病，不要只反映成绩。"黄部长还告诉她要多善于发现干部工作中的一些问题，并善于向组织汇报。

有了组织部长的一番谈话，张国庆第二天工作时就轻松了很多，放开了手脚，把市（州）党委工作的一点一滴都记录在案。

① 参见《湖南省纪委公开聘任党风监督员，每届 20 名左右聘期 3 年》，《湖南日报》2007 年 5 月 18 日。

六、党代表的眼睛也是雪亮的

董必武曾经说，“群众的眼睛是亮的，群众能够识别好人和坏人”①，党代表来自于党员群众，是党员群众中的杰出代表，他们更有一双“火眼金睛”，在参加民主评议、民主推荐、干部公开选拔等方面发挥着重要作用。

“阳光卫士”代表在展示聘书——广西柳州市融安县聘请了一支由党代表、人大代表、政协委员、专业技术员、普通群众等400人组成的“阳光卫士”团队，对县委权力进行公开全程监督

参加民主评议和民主推荐

2008年12月，湖南省委颁布了《湖南省贯彻执行〈中国共产党全国代表大会和地方各级代表大会代表任期制暂行条例〉的实施办法(试行)》，明确了党代表的评议权。根据这一规定，可以安排有关省党代表大会代表参加对本省重要干部的民主推荐和对省委、省纪委领导班子及其成员的民主评议，参加对省委常委会工作的评议。代表参加评议一般结合年度工作和换届考核工作进行。

2012年3月，张国庆作为省党代表参加了对湖南省委委员的民主评议。当时评议的对象是湖南五个市(州)的主要领导。评议有严格的程序。先由会务组把评议对象的材料下发，然后会议主持人介绍评议对象，之后参会人员发表评议。张国庆对此记忆深刻，在评议中许多党代表对五名省委委员工作上的成绩进行了充分肯定，同时也对他们的不足进行了直言不讳地批评。评议结束后，每一位被评议的委员还要当场表态如何改进未来的工作。

杜洪英连续好几年都参加了民主评议，甚至市里的省管干部评议也邀请她参加。评议时，组织部门会发好几张表格让评议员填，内容包括对市

① 参见董必武:《当前政法工作的任务》,《董必武选集》，人民出版社1985年版，第444页。

委书记的工作满意或者不满意，以及其他一系列问题。对此，她深深地感到责任重大。作为党代表，被邀请参加民主评议，她代表的不仅仅是其他党代表，更代表着广大党员。所以，如果做得不好，有愧于党员群众。

杜洪英也有多次参加干部推荐的经历。根据她的回忆，每次参加干部推荐都是保密的。比如说下午到市里参加评议工作，上午下班时才会收到通知，但不知道开会的内容。到会场后，才知道是推荐后备干部。各个部门、各个领域都有后备干部人选，并且每次参加推荐的部门职位都不一样。参加推荐的人选也经过了组织部门精心挑选，这次你参加，下次他参加。

党代表当上了“大众评委”

2010年，张国庆全程参加了长沙市干部公开选拔并当了一回大众评委。大众评委主要由“两代表、一委员”组成，还包括其他社会人士。在当评委之前，先由组织部门集中起来进行培训。

到了公开选拔那一天，张国庆被专人领到面试场所。在这之前，根本不知道面试对象是谁，并且每个评委参加面试的地点、面试对象也不断轮换，上午和下午不一样，今天和明天不一样。

张国庆参加的那场面试一直到十一点半才结束。然后就有组织部的同志告知大众评委，下午的工作安排另行通知。下午，正式面试开始前10分钟才有人将通知发到大众评委的手机上，那时他们才知道该去哪个面试地点。

在面试的过程中，大众评委给所有考生现场打分，去掉最低分和最高分，算出的平均分就是每一位应考人员的最终得分，一视同仁。

公者无私之谓也，平者无偏之谓也。张国庆觉得大众评委参与干部选拔是把“伯乐相马”变成了“赛场选马”，真正做到了“去者服气，留者服众”。

党代表监督经常化

杜洪英非常注意从日常生活中来观察一些干部在群众中的形象和口碑。比如她有早起爬山锻炼的习惯，爬山时有人会议论某些干部，她会斟酌这些议论，看是否有自己需要的信息。虽是些小道消息，但不失为一条收集“民评官”信息的重要渠道。

作为党代表、村支部副书记，林永明切实感到身上的责任沉甸甸的。他不仅力争做党员群众的代言人，还在日常生活中发挥监督作用，自觉当好党组织的"守门员"，为党组织的"吐故纳新"把好关。

村子里有个人前些年在家不务正业，还因为打架进过拘留所，出狱后也没有正经的工作，整天东逛西逛无所事事。可就是这么一个人，却来要求入党。

林永明考虑到以上情况，坚持认为这个人不够入党的资格。为此，林永明和党支部书记专门组织了党员大会对此人入党的事情进行了讨论，大家七嘴八舌，都觉得这个人没有达到党员的标准。

后来，那个人找到了镇上，林永明还是坚持自己的看法，对来说情的人说："你可以好好调查调查，他是不是个做正经事的人，他每天到处溜达、不务正业，不符合党员的资格。"来说情的人对林永明的较真儿感到很不解，觉得林永明是狗拿耗子——多管闲事。林永明可不这么认为，他不是干涉别人入党，而是此人确实没有达到党员的标准。这个人如果能向组织靠近，能为党支部或者村里的群众作些贡献，他是不会反对的。但是，他不仅没有贡献，还只有破坏，这样的人怎么能入党？

林永明认为，作为党代表不仅要反映党员群众的心声，而且在关键的时候要站出来坚持原则，为党组织发展守好门、把好关。

相关链接

第一条　年满十八岁的中国工人、农民、军人、知识分子和其他社会阶层的先进分子，承认党的纲领和章程，愿意参加党的一个组织并在其中积极工作、执行党的决议和按期交纳党费的，可以申请加入中国共产党。

第二条　中国共产党党员是中国工人阶级的有共产主义觉悟的先锋战士。

中国共产党党员必须全心全意为人民服务，不惜牺牲个人的一切，为实现共产主义奋斗终身。

中国共产党党员永远是劳动人民的普通一员。除了法律和政策规定范围内的个人利益和工作职权以外，所有共产党员都不得谋求任何私利和特权。

——摘自十七大党章

七、党代表的“民事诊所”

在新加坡，有一个叫做“民事诊所”的地方，是国会议员定期接见选民的场所。等候接见的选民正如等候就诊的病人，为选民进行登记和引导选民接受会见的工作人员就像导诊员，而接见选民的议员恰如看病的医生。病人看完病后，拿着医生开具的药方离开诊室；选民接受会见之后，带着议员开具的解决方案离开。新加坡有国会议员的“民事诊所”，当前，在中国共产党的党代表队伍中也有“民事诊所”，即党代表工作室，主要功能是接访党员群众，畅通党代表联系党员群众并反映其利益诉求的渠道。

当前，全国各地在落实党代表任期制要求的过程中，纷纷在街道、乡镇一级建立党代表工作室，以利于党代表更加密切地联系党员群众。截至2012年上半年，浙江省全省11个市、90个县（市、区）也已建立党代表工作室4000多个，2.2万多名党代表进驻工作室。浙江省通过制定创建标准，推进标准化、规范化建设，重点建好100个省级示范点，建设一批各级党代表工作室示范群[①]。“有困难，找党代表”成为浙江省的党建特色品牌。温岭市的党代表不仅可以将自己的建议通过“代表直通车专用信封”直接寄送给相应的市委领导，而且还能申请要求列席市委常委会、市委全体会议和市委专题工作会议等党内重要会议。对于10人以上代表联名的提议，还可以用党代表工作室的名义约请市委领导，市委领导接到约请后，必须在15个工作日内安排约见。

浙江日报 ZHEJIANG DAILY　要闻　3

知党情　听民声

我省建四千党代表工作室

记者　袁艳

本报讯　近日，德清武康上柏村党总支书记李铭到设在便民中心的上柏片党代表工作室去上班。李铭是武康镇的党代表，自党代表工作室设立后，他就多了一项新工作——定期在党代表工作室接待党员群众，收集社情民意，并及时反馈。

2011年以来，我省围绕“知党情、听民声、谋发展、促和谐”主题，全面推行党代表工作室建设，进一步发挥党代表在大会闭会期间的作用，落实党代表的知情权、参与权、监督权和建议权，搭建代表联系服务党员群众、创先争优的平台。截至目前，全省11个市、90个县（市、区）已建立党代表工作室4000多个，市、县、乡三级22000多名党代表进驻工作室。

当前，我省通过制定创建标准，推进标准化、规范化建设，重点建好100个省级示范点，建设一批各级党代表工作室示范群。

“有困难，找党代表”，分布在各地群众身边的党代表工作室已成为我省党建的特色品牌。温岭市开通党代表工作室“直通车”，代表约请市委常委，代表提议直通市委，帮助提高当地党委决策的民主化、科学化水平。杭州拱墅区开设党代表网上工作室，台州椒江区依托党代表工作室开展“365天天党代表”活动。

《浙江日报》2012年6月30日关于党代表工作室的报道

组织和党员群众的连心桥

墨子讲过，上之为政，得下之情则治，不得下情则乱。2011年以来，浙江省为得“下情”，全面推进党代表工作室建设，进一步发挥党代表在

---

① 参见《知党情　听民声　我省建四千党代表工作室》，《浙江日报》2012年6月30日。

党代会闭会期间的作用，落实党代表的知情权、参与权、监督权和建议权，搭建党代表联系服务党员群众、创先争优的平台。

杜洪英当选党代表以后，玉环县委组织部给她专门安排了党代表工作室。在玉环，几乎每一个社区和乡镇都有一个党代表工作室，里面贴着党代表的照片，留有党代表的联系方式。党员群众平时可以到那里请党代表排忧解难，也可以请党代表代言各种诉求。

党员群众会到杜洪英的党代表工作室反映各种问题。如玉环的海岛上过年过节、结婚都要放鞭炮。当地的渔民有个风俗习惯，结婚要按照潮汐潮落选时辰。因此，当地经常会出现半夜放爆竹迎娶新娘的情况，影响了周边居民的休息，老百姓意见非常大。杜洪英经过实地考察以后，发现这个问题确实很严重。

于是，杜洪英就在党代会上提交了相关提案，得到了县委县政府的高度重视，采纳了她的建议。随后，县政府就制定了禁放的规定，腊月二十四到正月十五不禁止燃放，其他时间严禁燃放烟花爆竹。此项规定出台以后，党员群众拍掌称好。

老周工作室

为更好地发挥自身作用，杜洪英还特别注意加强与其他党员和党代表之间的联络。其中，“老周工作室”就是她经常串门的地方。“老周工作室”是玉环县委组织部专门为人称“老周”的老党员周克强组建的工作室，与杜洪英的党代表工作室有着异曲同工之妙。老周是个有着 38 年党龄的老党员，16 年前他从湖北老家来到玉环县开了家早餐店，认识了不少外来务工人员。老乡们都很信任他，空闲时都会找他聊天，有困难找他帮忙，有纠纷找他调解……

于是，不管是家庭矛盾，还是外来务工人员和玉环企业老板之间的矛盾，都可以在“老周工作室”找到解决问题的方案。

玉环县是全国百强县，是外来务工人员集聚之地。他们来自湖北、湖南、四川、安徽、云南等地，数量达 40 多万人，加上没有登记在册的，就更多了。

外来务工人员的增加为玉环县的经济增长作出了贡献，但是也导致本地居民与外来务工人员之间的矛盾频发，如劳资纠纷及各种伤亡事故、车祸之类，对社会管理形成了新的挑战。玉环县政府有关部门在处理这些纠纷时，由于地域差异的客观存在，往往难以获得外来务工人员充分信任。

周克强（左一）在“老周工作室”主持调解工作

2009年，老周被推选为玉环县清港镇流动党员服务中心党总支委员。同时，该党总支以他的姓氏命名，成立了“老周工作室”来联系流动党员，并帮助外来务工人员解决生活和工作中遇到的问题。老周每天早上起来去卖早餐，晚上回来就到工作室“坐诊”，为外来务工人员排忧解难。这两年多，“老周工作室”被越来越多的外来务工人员所知晓，最初是调解矛盾，后来帮助外来务工人员找工作也成了工作室的重要任务。

现在，“老周工作室”在杜洪英的参与和指导下进一步拓展了服务项目，专门开辟了“找工作信息平台”，为企业与外来务工人员之间搭起了桥梁。据统计，该平台已经免费发布用工信息200多条，帮助100多名外来务工人员找到了工作。

凭借“老周工作室”这样的平台与资源，杜洪英对流动党员和外来务工人员的了解大大增加，平常也为他们解决了不少问题。

履职故事：走近党代表

第三部　重服务还要会服务

法国人民运动联盟总书记贝特朗的办公室里有一块“为人民服务”的中文牌匾，因为他高度认同中国共产党人的根本宗旨——全心全意为人民服务。服务党员群众是党代表的天职。基层工作是一本难念的“经”，但五位党代表却把这本“经”念得朗朗上口。

中国共产党人必须具有全心全意为人民服务的精神，必须与工人群众、农民群众及其他革命人民建立广泛的联系。并经常注意巩固和扩大这种联系。

——摘自中国共产党第七次全国代表大会1945年6月11日通过的《中国共产党党章》

2009年10月22日，法国人民运动联盟总书记贝特朗接受中央电视台专访时指出："中国共产党倡导的'全心全意为人民服务'的宗旨具有普世意义。从政的目的就是要为你所代表的对象——人民服务。"为了显示对中国共产党这个价值观的认同，贝特朗先生说自己的办公室就挂有一块"为人民服务"的中文牌匾。而作为中国共产党党内民主重要象征的党代表，积极服务于党员、服务于群众是他们必须践行的根本宗旨。

一、掏自己腰包为大家办实事

古往今来，中国不乏倾其所有为民服务的"善官"，清代于成龙就是其中的一位。他任湖广下江陆道道员时，正值当地灾荒，他便以糠代粮，把口粮节余下来发给灾民，用自己的薪俸救济灾民。为广行劝施让富户解囊，他更以身作则，把仅剩的一匹供骑乘的骡子卖掉换成钱接济老百姓。等他离任时带走的只是一捆行囊，两袖清风。"要得清廉分数足，唯学于公食糠粥"，这句话是老百姓对他的最好褒奖。

中山慈善万人行

1989年，中山市将原有的以"敬老"为宗旨的慈善万人行活动正式定名为"慈善万人行"，主题思想也逐渐扩大为"致富不忘国家，先富不忘带后富"。中山人通过一点点的捐资汇集为爱心洪流，为广东、为全国的偏远地区和灾区的人群提供了大量的资金与物质帮助，帮助建希望小学、老人院，对特困家庭进行资金扶持，等等。到目前，“慈善万人行”活动在中山已经开展了20多年，在整个广东省乃至全国都很有名，筹集的善款年年递增，先后共筹集资金达20多亿元。

“慈善万人行”活动坚持开放的原则，任何人都可以在活动中捐款。筹集的善款不是掌握在私人手中，而是由当地的红十字会进行专项管理。管理的程序十分严格，每年年末红十字会都要面向社会公布善款的使用情况。善款采取专款专用，在2008年的汶川特大地震和2010年的玉树大地震中，这些善款都发挥了很大作用。

广东省中山市慈善万人行巡游活动场面

陈炎连是“慈善万人行”活动的经常参与者，不但在汶川特大地震和玉树大地震中带头捐了款，而且还组织三沙花木协会、全村共产党员一起捐款。遇到某些地区出现灾情、人民群众生活困难之时，陈炎连二话不说，主动伸出援助之手。用他的话说，“慈善万人行”是大家的事情，自己致富了，不能忘记全国还有很多人生活很困难，更何况，作为党代表自己有义务去帮助他们。

给弱势人群安个“家”

当上党代表后，林永明感到党员群众和党组织对他要求更高、期望也更大。他去参加党员大会时，有人提出很多孤寡老人宁愿待在家里没人管，也不愿意到敬老院去，生活比较困难，希望村里解决。村里的残疾人、智障人在家待着，缺少照看。林永明一直把这些问题放在心上。

后来，在林永明的带领下，党支部一班人专门到村里孤寡老人家走访，了解他们不去敬老院的原因。经过访谈得知有的是因为家里还有侄儿、侄女，有的是听说敬老院不好、担心不自由，有的是怕丢面子，有的是担心老人之间合不来……

在劝说无效的情况下，林永明就和老人们商量，给他们建一个新的居

林永明集资为村里孤寡老人修建的五保家园

住区，保证每位老人都有单独的房间，但是要服从村里的统一安排和管理。老人们非常高兴地同意了。在他的倡议下，给孤寡老人盖五保家园的建议得到了全村人的支持，村民们积极捐资。林永明自己带头拿出一部分钱，还到民政部门申请了一些专项资金，很快就在村里盖起了一个 12 户的五保家园，村里的孤寡老人们有了新“家”。

五保家园不是一建了之，后续的相关问题也让林永明费尽了心力。村里有一位姑娘，性格比较内向，婚后不久丈夫就与她离了婚。婚姻失败的打击导致她得了精神病。由于家里穷，没钱治，一开始病情比较轻微，到后来越来越严重。

林永明想，如果这位病人万一在村里放火了，把人打伤了或出现别的问题，谁来负责？林永明建议这位父亲把女儿送到黑龙江北安精神病院去，但她的父亲不愿意，家里为给她治病已经倾家荡产了。林永明看在眼里，急在心里。最后，他说服病人家属，把她安置在五保家园，每天由她父亲去照料。

自己掏钱也要建“魔戒大院”

1999 年，张国庆就开始与有关单位协商，希望能划块地出来建戒毒大院。由于买不起地，张国庆就采取为驻区单位服务的办法来争取他们的支持。尽管驻区单位被深深感动并给了很多支持，但依然不足以建起戒毒大院。张国庆只好再想办法筹集资金。

通过各方筹集资金，戒毒大院于2006年春节前夕基本建成，取名为“魔戒大院”。可谁也不会想到，因为付不起装修款，张国庆硬是被装修公司的人在过年前“扣”在家里出不来门。为了尽快还清债务，她瞒着女儿将自己唯一的一套住房抵押给了装修公司。张国庆的行为感动了社区居民，大家纷纷前来捐资献爱心，这个五百、那个一千，有一位老人甚至把自己的养老金拿了出来。一汩汩细流汇成了大河，101万元集资款到位了，基本还清了装修费等债务，张国庆被群众“解救”出来。2008年，长沙市委书记探访天剑社区，得知了这件事情，立即要求有关部门拨专款50万元给予协助，区委领导也召集相关职能部门召开会议，由各个部门筹集资金，帮助张国庆渡过难关。在有关部门的大力支持下，一共筹集资金130万元，得到这笔钱后，张国庆才把全部欠款还清。

每当谈到这件事情，被老百姓称为“铁娘子”的张国庆就会情不自禁地流下眼泪。她的泪水里流淌着委屈，为建成“魔戒大院”，她饱尝了常人无法理解的辛酸；同时，她的泪水中也浸透着幸福，她的不懈努力赢得了党员群众和上级党组织的理解和支持，帮她渡过了难关。

如今，“魔戒大院”各项设施基本齐全，各项服务也顺利开展，其影响力不断提高，各地想要戒毒的“瘾君子”陆续前来，甚至有俄罗斯、伊朗的患者前来戒毒。2006年，联合国禁毒署官员慕名前来“魔戒大院”考察，称赞张国庆为“中国民间禁毒第一人”。

“魔戒大院”落成典礼上，社区居民们拥抬着张国庆（中）欢呼

二、服务群众也要讲法治

当今世界，法治已经在全球范围内被广泛接受，成为现代国家最基本的治国理念和治国方略。同时，法治也是民主的保障，没有法治就没有民主。因而，树立法治观念，贯彻法治精神，履行法治义务是全国各族人民必须始终遵守的基本原则。中国共产党也不例外，一方面他带领人民制定宪法和法律，另一方面也必须在宪法和法律的范围内活动。党代表服务党员群众也需要坚持法治第一的原则，否则就可能会缺乏规则，造成“好心办坏事”甚至“一团糟”的局面。

社区迎来法律顾问

三年前，张国庆为社区请来了一位律师，作为社区的常年法律顾问。她深知自己不熟悉法律，而党代表履行职权要依法，服务党员群众也要懂法，于是就请来了湖南省的知名律师。用她的话讲，花这个钱值得，律师给她解决了大问题。

社区经常需要给老百姓宣传党的路线方针政策，宣传法律法规，遇到不懂的地方张国庆就会给律师发邮件，或者直接打电话给律师，律师则给她耐心解释，为她把关。在处理社区居民征地、拆迁等棘手的问题时，张国庆与每家每户都有法律合同，从建房到分房全程都有摄像、照相作为证据留存，这些点子都来自社区的法律顾问。

此外，在张国庆看来，作为党代表和社区党委书记，比一般党员群众有更大的责任。在面对某些群众的不满时，如果不能很好地回答他们的疑问，自己的形象就没有了，党的威信也没有了，这会对将来的工作产生极大负面影响。因此，张国庆认为，按规则办事、按法律办事，更容易把复杂问题简单化。

张国庆在社区中聘请律师的做法被其他社区效仿，这些社区居委会干部每当处理重大事情的时候，也像张国庆一样首先咨询律师，然后根据律师的意见和建议去运作，使权力在阳光下运行，让普通党员群众心服口服，真正用法治的手段树立党和政府的诚信与权威的形象。

社区的普法形式多

长沙市每逢“一二·四”全国普法宣传日都会在各个社区开展普法活动。

在一些社区中，居民参加这类活动的积极性不是很高，而在天剑社区，这几年参加普法活动的人数都超过 500 人，社区居民参与活动的积极性非常高。市里的领导好奇地问张国庆：“你是靠什么办法把这么多人组织起来的？”

张国庆在主持天剑社区举办的“激情六月·唱响天剑”法制宣传活动

张国庆有她的“独门绝技”。在普法日之前，张国庆先让社区普法小组的人到每家每户去宣传，告诉他们今年活动的基本形式与具体内容，邀请每一户居民都参加。到了活动日那一天，张国庆把所有来参加的居民分为不同的小组，普法小组提出法律问题让大家回答，回答正确的小组加分，回答错误的小组用唱歌的方式进行惩罚；或者采取彼此相互提问的方式，回答正确的算积分，回答错误的要唱歌表演。当然，最终还会给分数最多的小组颁奖。这种让各个小组 PK 的活动形式调动了社区居民极大的兴趣，每年普法日这一天，居民参加普法活动就像赶庙会一样热闹，党员群众在趣味性活动中接受了法律知识的教育。

张国庆通过开展普法活动悟出了一些新形势下开展党员与群众活动的道理。她认为，要想把党员和群众组织起来，活动就一定要有趣，有吸引力，寓教于乐。天剑社区的普法教育取得了很好的效果。

社区管理，法治先行

“社区的家很难当，依法管理是我的工作准则”，这是张国庆的工作原则和工作总结。她认为，只有法治才能带来公平正义，只有法治才能带来长治久安。

其实，社区工作并不总是处处充满温情，面对棚户区拆迁、旧城改造这些涉及普通群众利益的问题，张国庆也有被误解、被谩骂、甚至被威胁的时候，但这些从来没有动摇过她的处事原则。

2011 年年初，原驻区单位湖南省水工机械厂的宿舍楼部分居民划归天剑社区，其中有一些人长期占用公房，引起了社区其他居民的强烈不满。由于群众反映强烈，张国庆主持召开了清理占房住户的公开大会。在这之前，女儿的一位同学找到她，希望得到关照。但是在这次会议上张国庆公开点了所有占房户的名，其中就包括女儿的那位同学。事情发展到这个地步是那位同学万万没有想到的，当场就哭了。但张国庆还是依法把她占用的公房收了回来。

事后，张国庆多次到她家里慰问，解释说："不要怪阿姨，我是社区的管理者，法大于情，这是我的原则，希望你理解"。这样，通过劝导逐渐解开了她的心结。后来得知女儿的这位同学失业了，张国庆又主动帮她联系工作。经历过这些后，她们之间的感情加深了。

其实，张国庆也是一个重感情的人，但是在大是大非面前她必须行得正、走得稳，因为她知道法和情孰重孰轻。而恰恰是因为她对法治"一往情深"，才使天剑社区充满了和谐温情，使昔日的"脏、乱、差"社区变成了今天的综治工作先进单位和安全文明示范社区。

三、给困难群众以真情帮助

一位美国民主党组织的核心成员曾经总结开展地方工作、动员选民支持的基本经验，"就是直接深入到贫困家庭，当他们需要得到帮助时，必须大力予以帮助"。[①]其实，党代表们都清醒地认识到我国基层社会困难群

① ［美］安东尼·奥罗姆：《政治社会学——主体政治的社会剖析》，张华青、孙嘉明等译，倪世雄校，上海人民出版社 1989 年版，第 246 页。

众的重要性，只有真心实意关心他们，才会被老百姓视为贴心人，在关键时刻才会有人挺出来站在共产党周围。党代表对困难群众有强烈的同情心，努力为困难群众争取正当的权益是他们的职责。

让刑释解教人员也能当优秀

2004年春节的一个寒夜，一个外来偷窃团伙流窜到天剑社区作案。这晚，正在巡逻的社区刑释解教人员看到一户居民家的窗户掉下来一半，他们认为这是偷窃团伙做的手脚，并没有立刻报告张国庆，而是悄悄拉开一张大网，准备瓮中捉鳖。

这些刑释解教人员自发地组织起来，六个人守住离开社区的必经之路，另外一部分人到社区内察看情况。果不出所料，他们发现了那伙作案人员，两拨人追打起来，其中有两名解教人员追出500多米去抓案犯。因为盗窃团伙人数较多，解教人员中有人被打伤，他们马上给张国庆打了电话。

当时正值凌晨3点钟，寒风凛冽。张国庆在睡梦中被电话惊醒，得知情况后，立刻起身穿衣赶来。到了现场发现个别盗窃人员已经被抓住捆在路边。张国庆告诉大家，社区不是执法机关，把人捆起来是违法的。在张国庆的说服下，解教人员把他们送到了当地派出所。在派出所的审问下，盗窃团伙对他们的盗窃行为供认不讳。

第二天，张国庆立即号召大家向刑释解教人员学习。她还让社区居民捐款，把募来的钱全部奖励给刑释解教人员和社区值班人员，而受伤人员的医疗费、误工费则全部由社区承担。张国庆还以他们为典型进行了深度宣传，市委市政府也授予了他们“文明市民”的荣誉称号，地方媒体对他们的英勇事迹争相报道。这让刑释解教人员备感温暖和鼓舞。

后来这些刑释解教人员告诉张国庆，为什么别的社区抓不住小偷，而只有天剑社区抓得到，因为他们过去也干过这一行，虽然现在早已“金盆洗手”，但过去的那些“经验”在抓坏人的过程中反而派上了用场。其实，最重要的是张国庆从不贬低他们，格外关心他们，这使他们觉得为社区做这些事都是应该的。

让下岗工人有房住

张国庆是一位经验丰富的社区党委书记和党代表，有时候社区居民会要求她做超出职权范围的事情，张国庆只能婉言拒绝；但是，在她职

张国庆在老旧房屋改造拆迁现场

权范围内的事，她总是能够帮助他们实现心愿。

在天剑社区，虽然政府已经建成了一部分廉租房，但是还有十几栋老旧房屋没有改造。这些老房子年久失修已经变成了危房，一些居民甚至能看到楼上住户的天花板。建筑公司的一部分职工仍然住在这些20世纪50年代建的房子里。为此，张国庆多次向上级反映这个情况。

2008年，市委书记来调研时，张国庆紧紧地抓住了这个汇报机会。书记看到那些又破又烂的房屋，就问是什么人住的，张国庆说是建筑工人们住的。书记沉思了良久没有说话。考察结束时，书记说："建筑工人帮别人建房子，自己住这样的房子，我们共产党人有责任"。张国庆接话说："社区也曾想办法报建廉租房，但入不了围，没有市委市政府支持，就无法改建。"现场调研的书记就叮嘱身边随行的相关部门负责人要关注天剑社区的廉租房问题。

到2008年年底，市里有人打电话给张国庆让她赶快把社区需要改造的廉租房报上去。没多久，改建就被批准了。

但是，在拆迁完成后又出现了新的麻烦，其中就因为划拨资金有很大缺口，没有公司愿意来承包这个建设项目，以至于迟迟难以开工。这时，张国庆以党代表身份专门给省委书记写信，并亲自去找分管副市长，向他们诉说实情。最后，在省委省政府、市委市政府主要领导的亲自关心下，建筑工人们终于住上了新房子。

让外来务工人员子弟也能上学

在天剑社区，有30多名外来务工人员，他们为天剑社区的建设和长沙市的发展作出了巨大贡献，但只是因为他们没有长沙市的户籍，孩子上学一直是个头疼的问题。

张国庆感到，如果对外来务工人员子弟搞教育歧视，小孩从小心里就会产生阴影，觉得农村的小孩比城里小孩低一等。如果到一些打工子弟小学上学，教学质量可能不能保证，小孩读书读不好，一代人就会受影响，等他们长大以后会对社会产生不满情绪，造成恶性循环。

张国庆先后找到教育局负责人、分管副区长就此事进行了反映。之后，张国庆又去找社区附近的曙光小学校长，经过多次沟通，校长被她的执著感动了，好不容易协调出了部分名额，解决了居住在天剑社区的农民工子女的上学问题。“奇迹有时候会发生，但必须特别努力才会得到”，以色列第一任总统哈伊姆·魏茨曼如是说。这也许正是张国庆的写照。

张国庆（左一）上门看望外来务工人员子弟

让外来人口有安全感

在三沙村的花木基地里，陈炎连聘请了一些外来务工人员，总共有十多名。如果将本地农民与外来务工人员相比较，陈炎连总是把外来务工人员摆在首位。因为，外来务工人员到中山创业，到中山服务，为中山当地的经济发展作出了贡献，让花场获得了利益，所以他要感恩、要回报，要让这些外来务工人员得到应有的尊重。在陈炎连看来，人与人之间是平等互敬的，只有你尊重对方，对方才会尊重你。

三沙村党组织下辖花木协会党支部，一旦陈炎连了解到有外地党员党组织关系转入三沙村党组织，或转入花卉协会党组织，他都会一样的尊重他们。比如说“七一”时，他会邀请党员干部和群众一起来庆祝党的生日。在他心目中，外地党员和本地党员同等重要，不能忽视，过年过节都会让他们一起共享节日的快乐。

张国庆也抱着同样的态度对待社区里的每个居民。因为她明白，人心都是肉长的，只有真心对待别人，才能收获真心回报。

有一次一个外来务工人员被车撞了，肇事汽车逃逸了。这个务工人员记住了车牌号码。他妈妈和媳妇到张国庆家里请求抓住肇事司机。

张国庆找到交警大队查询以后，确定了驾驶员的身份。最后，经过张国庆和热心居民的共同努力，市交警大队和司机所在单位对这名逃逸司机作出处罚，并要求他进行赔偿。

通过这件事的圆满解决，天剑社区内的外来务工人员真正感受到了自己不是社区的“边缘人”，而是社区大家庭的一份子。

四、社区志愿服务总动员

1989 年 3 月 18 日，全国第一个社区志愿者组织，天津市和平区新兴街社区服务志愿者协会成立了。①从此，社区志愿服务活动在城市基层社会蓬勃开展起来。

2006 年，中共中央办公厅专门印发了《关于做好党员联系和服务群众工作的意见》，对党员参加社会公益活动提出了明确要求。各地通过开展“党员服务站”、“党员志愿者服务队”、“党员义工”、“党员爱心团队”等活动，在各个领域做服务群众的工作，同时，带动更多的群众参加到志愿服务活动中来，形成了“党员—志愿者（义工）—群众”三级联动的志愿服务体系。各位党代表更是成为了服务群众、带动志愿活动的先锋。

2007 年，民政部开始在全国城市全面推行社区志愿者注册制度，对社区居民中有志于从事志愿服务活动的人员进行登记、联系，为志愿服务活动提供方便。包括广大党员在内的社区志愿者们积极组织、相互配合，以各种形式开展志愿服务，共同建设社区大家庭。

带头参加志愿服务的党代表典型——郭明义

---

① 中华人民共和国民政部：《民政部关于确认天津市和平区新兴街为“全国第一个社区志愿者组织发祥地”的函》，http://zqs.mca.gov.cn/article/sqjs/zcwj/200906/20090610031480.shtml。

岗位退休，党员精神不退休

杜洪英今年55岁，虽说离退休还有几个月时间，但她已经开始盘算自己的“后工作时代”了。家里人劝她：“要退休了，你对这个档案是不是该放一放了？”杜洪英讲：“我人可以退休，但共产党员不退休，只要大家需要我，我就继续做。退休了没有关系，返不返聘没有关系，只要需要，我就随叫随到。”

在组织部管理档案多年，使杜洪英养成了良好的职业素养和公仆意识。平时聊天时，三句五句闲聊，她也总能谈到档案上去。她说：“我们做档案工作的，一点不能马虎、丝毫不能放松，张三的档案放在李四的档案里面不行，一定要核准信息。”虽已面临退休，但她想的更多的是以后怎样继续做好工作，怎样保持好形象，“我就是退休了，对自己的一言一行都要严格要求，毕竟我是在组织部退休的，我又是党代表，就是老了也要为基层群众服务”。

相关链接

杨善洲的故事

前云南省保山地委书记杨善洲，退休之后没有选择到省城昆明安度晚年，而是一头扎进了施甸县大亮山，带领群众植树造林5.6万亩、1100多万棵树，他自己却省吃俭用，把有限的人财物都投到了大亮山林场，用双手为荒山披上了绿装，让乡亲走出了贫困。最后，他将价值超过3亿元的大亮山林场经营管理权无偿交给国家。他那岗位退休、党员精神不退休的精神激励了一大批共产党员。

党员带群众，一起献爱心

儒家经典著作《孟子》中讲：“尊贤使能，俊杰在位，则天下之士皆悦而愿立于其朝矣。”贤能之人、俊杰之士积极作为、深孚民心，就能发挥榜样的作用，影响和带动更多的人跟他一起做好事。

2010年，以三沙花卉协会党支部为依托，建立了中山市农村基层党员示范基地。示范基地由占地三亩、建筑面积达700平方米的两层小楼构成，下面一层出租给花木、园林公司用于经营，收取租金，用以补贴活动经费等经常性开支；上面一层是培训室和办公室，用于开展各项活动。陈炎连作为该基地的负责人，主动担负起“农村党员教育基地”解说员的角色，并积极组织开展各项党员活动。

陈炎连（右下）在农村党员教育基地主持召开党支部会议

有了陈炎连这样的带头人，又有了场地和资金，党员活动开展得更有声色了。2008 年南方雨雪冰冻灾害、四川汶川特大地震、2010 年青海玉树大地震发生后，示范基地都带领着党员群众向灾区人民捐款、捐物，仅一场慈善晚会就筹集善款达 60 万元……陈炎连带着大家往前奔，村民们不但有活干、有钱赚、建新房、买小车，还冲在支持慈善事业发展的前头，奉献着自己的爱心。

而作为灾区的党员干部，才哇在救灾的时候冲锋在前、奋不顾身，他的举动影响和带动了更多的人，党员、村民、民兵齐动手，共同抗险救灾。才哇说：“我们救灾的时候也没有想太多，感觉首先应该把党旗插上去，把党员先组织起来。党旗竖起来了，大家就齐心协力，绝对没有后退的意思，而是感到自己有职责和义务去这样做。”

奉献，不只在关键时刻，在平时也是一样。为了浇地方便，节省人力物力，林永明把消防队“退役”的消防车配备到合作社里。有一次村里农户发生火灾，他立即驾驶消防车前去灭火。村里不管谁家婚丧嫁娶，只要

才哇（前排右二）等党员和救援部队官兵在地震废墟中面对党旗庄严宣誓

招呼一声，合作社也一样出人出车帮着忙前跑后，全做“义务工”。凭着实在办事积累的口碑，合作社也得到了大伙儿的全力维护：合作社的电线、发电机、喷灌机等设备，即便放在地里也没人动，从未丢失过。林永明自豪地说：“老百姓自家的东西兴许丢，我合作社的东西不会丢。”

张国庆管理的天剑社区也是充满奉献和爱的家园。刘月华，曾经的社区党支部书记，2009 年随儿女搬出社区，但党组织关系一直保留在社区。直到现在，刘阿姨每周都要回到天剑，专门到社区走访党员群众，若是有事去不了，也会打电话询问，堪称“不住社区的社区支书”。游芳，外来务工人员，现已在社区买房长住，她平时工作忙，就坚持利用节假日参加社区活动，遇有社区重大活动时，宁可请假扣工资也要参加，堪称“自掏腰包的社区志愿者”。社区里还有个“爱心雷锋超市”，由红十字会资助、党员群众捐助、社区拉些赞助一起筹建起来。超市里商品丰富，米、面、油、棉被、棉衣、鞋子等一应俱备，有专人管理并免费提供给生活困难和急需的人。四川汶川遭受 8 级特大地震，社区居民纷纷为灾区人民捐款捐物，其中募得善款 57057.9 元；青海玉树大地震赈灾时，社区依托超市捐献新棉衣、卫生用品 3 万件；湖南湘西地区发生特大火灾后，社区协同电视台举办爱心活动，筹集善款、支援灾区。

四川汶川特大地震发生后，天剑社区居民踊跃捐款赈灾

五、请社区矫正人员来家过年

中国的社区矫正试点工作始于 2003 年，2009 年在全国全面推行。到 2011 年年底，“全国 31 个省 (区、市) 和新疆生产建设兵团已有 97% 的地 (市、州)、94% 的县 (市、区) 和 89% 的乡镇 (街道) 开展社区矫正工作；各地累计接收社区矫正人员 88 万余人，累计解除矫正 48.2 万人，现有社区矫正人员 40 万余人，社区矫正人员的重新犯罪率一直控制在 0.2% 左右”[①]。在这一长串数字背后，凝结着各方面的共同努力，其中，社区发挥了主力军的作用，社区矫正也成为社区做群众工作的关键之举。

每一个人都是社会的资源

每逢佳节倍思亲。一到年终岁尾的时候，天剑社区的刑释解教人员心里就很难过，既不好意思去走亲访友，也鲜有亲友上门拜年，只能听着窗外的爆竹声，守着一个人的清冷。有一年腊月里，张国庆在和一位刑释解教人员聊天时，听到了他的抱怨，便产生了一个想法：和这些孤独的人一起过年。她在自己家里办了三桌酒席，邀请大家来吃团圆饭，起初来的人并不多，后来大家感到张国庆是真心请客，就都来了。连续几年搞下来，省里民政厅的领导知道了张国庆和“困难户们”一起过年的事情，批准在过年时由天剑社区承办 20 桌团圆饭，让每个“困难户”都感受到大家庭的温暖。

在一次社区表彰大会上，发生了一个小插曲。一位与刑释解教人员共同上台领奖的老大妈在台下说：“以后这样的表彰会我就不参加了，跟劳改犯一起上台领奖，我才不去呢。”张国庆得知后，赶到她家里说：“阿姨，你有情绪我能理解，可你是不是也从社区和大家的角度想想呢？他们以前是‘劳改犯’，可现在作了这么大贡献，就不能老把这个帽子扣在他头上。如果我们不管他、不关心他，他就住在你隔壁，你能安生吗？”她的老伴也在一旁说：“张主任说得对，他们为社区做好事，值得表扬。你这样说他们是你的不对。”

张国庆和社区工作人员还总结出了针对“特殊人群”的有效工作方法。

---

① 中华人民共和国司法部社区矫正管理局：《社区矫正实施办法》解读（一），http://www.moj.gov.cn/sqjzbgs/content/2012-05/17/content_3580987.htm?node=24071。

首先，建立帮扶网络。成立“特殊人群工作小组”，组建由社区工作人员、片长、楼栋组长、党员、被帮教人员家属参加的社区综治网，结成“多帮一”的帮教对子，主动上门疏导。其次，开展“输血”帮扶。多方筹措资金，成立“特殊人员过渡性帮扶基金”，对生活困难无着落人员，给予一笔安家补助费，助他渡过难关。为符合条件的特殊人员办理“低保”，并协调解决住房、医疗、子女就学等问题。最后，提供“造血”保障。帮助推荐工作、谋生就业，由社区与相关企业联系，推荐就业机会。

在张国庆看来，每个人都是社会的资源，说小是社区的居民，说大是国家、社会的一部分。公平、公正地对待每个人，不让见义勇为者“流血又流泪”，不让“特殊人群”游离在社会边缘，才能真正实现“我为人人、人人为我”。

浪子回头金不换

中国古代笔记小说《世说新语》记叙了“除三害”的故事。周处年轻气盛、为害乡里，乡亲们把他同水中蛟龙、山中白虎视为当地“三害”，又怕又恨。而周处感到大家对自己避而远之、痛恨至极时才翻然悔悟，杀掉蛟龙、白虎为民除害，遍访名师、改做好人，书写了“浪子回头金不换”的传奇故事。

古人自觉羞愧尚能改过自新，今天，在全社会的关爱下，在党代表张国庆帮教工作的直接推动下，曾经的“浪子”也在积极回归社会，奉献他人。

天剑社区与湖南大学联合开展“爱心进高墙”帮教活动，张国庆和30多名青年志愿者走进省未成年犯管教所，与少年犯促膝谈心，捐赠学习用品，帮助他们早日成才

谭某曾因贩毒被判12年，刑满释放后回到家中，社区当即指派3名志愿者专门对其开展帮教。谭某在社区帮助下，在附近的批发市场做起了水果批发买卖，由于肯卖力气，小小的批发点做成了一个大型批发企业，连年被

社区评为“创业先进个人”、“ 维稳先进个人”。在汶川特大地震、玉树大地震灾难发生时，还为灾区捐款 5 千元，用实际行动回报了社会。

天剑社区的安帮工作并不局限于刑释解教人员，“问题少年”也是安帮的对象。周进的父母离异后，继父对他刻薄，让他感到生活冷漠无助。在考取大学之后，自暴自弃、逃学上网，成绩不好，被学校勒令退学。社区“安帮小组”得知情况后，由张国庆把孩子接到自己家中居住了一个学期，不断开导他、安慰他。周进在大家的鼓励下，努力学习，再一次成功考取大学。在校期间，他连续三年获得国家级奖学金，荣获省级“三好学生”和学校“十大杰出学子”称号；北京奥运会时，他担任残奥会志愿者，其出色的志愿服务受到了组委会的表扬。周进深有感触地说：“如果没有社区，没有张主任，我真不知道自己会是个什么样。”

“春风化雨，润物无声，浪子回头，社会福音”，一位湖南省委领导曾对张国庆的帮教工作作了这样的描述。天剑社区连续 10 年保持了刑释人员无重新犯罪记录，连续 6 年被评为湖南省综合治理工作先进单位和安全文明小区。目前，张国庆的帮教经验已经从长沙市走向了湖南省其他市（州）。

六、为群众说话要理直气壮

为群众说话、为人民服务，是每个共产党员分内的事，更是每个党代表的基本功。毛泽东曾讲过：“只要你们为群众的利益说话，你们就有力量，就有基础。”[①]理直气壮地做群众的“代言人”，就能获得源源不断的力量，更好地服务群众。特别是在改革开放的时代背景下，群众的利益和诉求愈加多元，愈加要求党代表真正代表和整合群众的呼声，维护群众的利益。

有一次正值农作物灌溉时节，可巧呼兰区柴油供应不足，眼见灌溉机械使不上，玉米就要旱死了，社员们赶忙向林永明反映，希望区里帮助协调。他一听就着了急：“你们不好说，让我去说。”他径直跑到区政府，要

① 邓颖超：《密切联系群众，多做自我批评》(1948 年 9 月 21 日)，《邓颖超文集》，人民出版社 1994 年版，第 64 页。

找区长解决问题，进了办公室一问才知道，区长正与下属谈话，前面已经有几名干部在排队等待了。林永明可等不及，连个“号”也不排，直接敲开区长的门，三言两语说清了来意，请求区里支持。区长一看情况紧急，连忙放下手头的工作，帮他解了围。事后，林永明也想，人家几名干部排队等了半天，自己连个招呼都不打就插了队，确实不合适，可再一想到快旱死的作物，他也就顾不得许多了。

林永明的合作社与农业部门联系最多，省、市、区分管农业的领导和他都很熟悉，不仅是因为合作社搞得红红火火，受到领导的重视，还因为他为人处事的耿直、实在。上级给合作社拨的各种款项，他百分之百地投入到规定的领域去，甚至自己还要追加一部分，把活儿干得漂漂亮亮。有时省里领导向林永明了解情况，直接一个电话打到手机上，他也不含糊，凡是涉及合作社的，只要对社里有利，有啥问题就反映啥问题。

林永明说，自己不按程序走，直接找领导，态度直爽，但容易引起误会，算是“吃老亏了”。可实际上，他一心为老百姓着想，领导们看在眼里，喜在心头，同样会为这样一个好的致富带头人喝彩。

七、危急关头“豁”得出来

邓颖超曾这样描述她眼中的共产党员与“麻烦、困难”的关系：“你要嫌工作麻烦，你就别做共产党员，共产党员就是解决麻烦的，共产党员就是要克服困难的。没有麻烦，没有困难，没有事需要我们去做的话，何必要我们共产党！”[1]的确，越是在困难的时候，越是在麻烦多的地方，越

① 邓颖超：《坚定不移地搞好党风》（1981 年 2 月 24 日），《邓颖超文集》，人民出版社 1994 年版，第 202 页。

应该有共产党员挺身而出、冲锋在前。遇到困难的时候，不仅需要出谋划策的“智多星”，更需要在危急时刻挺身而出的实干家。才哇就是这样一位平常做事有想法、有办法，关键时刻有胆识、敢于“豁”得出来的党代表。

天地无情，人间有爱

2010 年 4 月 14 日清晨，一声巨响从地下传来，大地震来了。正往村子赶的才哇被震倒了两次，又重新站了起来。他看到很多房子都倒塌了，到处都是灰尘，他听到四周都是呼喊声、嚎叫声。这时才哇想到了家里人，可这里离家已有一段距离了，路也堵死了，一时半会儿回不到家，再看到周围的惨象，他也没有多想，就停了下来，硬是徒手从废墟里刨出了三个人。等情况稍稍稳定了些，他继续往前赶。等他赶回社里的时候，有不少伤员正等着送往医院，却没有车来运送。他这才想到回家去，因为自己家的车如果没有被压坏的话，就能开过来运送伤员了。幸好车子无恙，才哇就开着车把二三十位重伤员送到了医院。同时，他又通知那些尚能行走的人，赶紧转移到赛马场中的高地上去，因为上游的水库随时都有可能溃坝。救人、运伤员、动员撤离，这一忙就从清晨忙到了半夜。

这天夜晚，才哇与受灾的牧民乡亲聚在一起，在临时安置点度过了难熬的一夜。第二天一早，支援队伍纷纷赶到，才哇就和他们一起给老百姓发放救灾物资，帐篷、方便面、矿泉水等基本生活物资逐步实现了足量供应。由于物资数量巨大且需要随时发放，离家只有几步之遥的才哇，却一连四天都没有回家看看。饿了嚼点儿方便面，渴了喝口矿泉水，困了就在车上打个盹，才哇就这样与其他党员、民兵一起度过了辛苦万分的日子。

在地震发生后的一百多天里，才哇负责向 1457 户、4579 名群众发放各类物资和搭建帐篷，工作上没有任何失误，老百姓交口称赞。同时，他组织三社 45 户、137 名群众开展自救，恢复社办企业的牧业生产，全身心投入到灾后的重建中。灾区生活终于慢慢地步入了正轨。这是大爱的力量！

救了乡亲，却救不了亲人

回忆起那场地震，坚强的康巴汉子脸上写满了哀伤。当才哇正徒手挖掘埋在废墟里的人的时候，女儿打来电话，泣不成声地告诉他家里的房屋全部倒塌了，几名亲人埋在地下，情况不明。才哇顿时红了眼圈，他让女儿不要着急，先自救，自己马上赶回去。可等他挂断电话，看到眼前一片

坐在房屋废墟中的才哇

片废墟，听到悲痛欲绝的呼救，他毅然选择了留下，他得留下来先救助这些乡亲。直到女儿再次打来电话催促他赶紧回家，才哇才知道家里已有三位亲人遇难了。才哇强忍着悲痛对女儿说："赶紧通知其他亲人帮忙照应。我这里还有很多受伤的人，等安顿好他们以后，我就赶紧回去。"当才哇把所有伤员安顿好再赶回家的时候，看到的是乡亲们从废墟下帮他挖出的三具亲人遗体，撕心裂肺的痛穿透了这个铁汉子的心。

对于才哇的"迟迟不肯回家"，家人们一开始都不理解，埋怨他只知道救别人，根本不管家里的事情，亲人的后事也没有时间料理，甚至埋怨他不重情义。而在这之前，家里人对他只顾搞集体经济、不管家里的困难也是颇有怨言。对此，他什么话也不说，只是默默地承受。随着时间的推移、随着乡亲们的赞誉越来越多，家人开始逐渐理解到，他是真心为老百姓办事，作为家人应该帮他分担难处，同他一起解决问题。

才哇是坚毅的共产党员，也是血肉之躯的康巴汉子，亲人的离去，怎能不叫他伤心难过。可是，他毅然选择去挽救那些灾难中最急需帮助的人，使更多的家庭避免了骨肉分离之痛，就是这样一批共产党员，为灾区人民撑起了一片天、一片充满希望的天。

履职故事：走近党代表

第四部　从基层中来到基层中去

五位党代表的群众工作经验表明：如果党代表自己不能致富，或者致富后不带着群众一起致富；如果不坚守公平，关心困难群众；如果不善于给党员群众以荣誉……那他就不可能在基层有号召力。始终与老百姓手牵手、心贴心，共同富裕、共赴患难、共创辉煌，是党代表赢得群众爱戴的诀窍。

在我党的一切实际工作中，凡属正确的领导，必须是从群众中来，到群众中去。这就是说，将群众的意见（分散的无系统的意见）集中起来（经过研究，化为集中的系统的意见），又到群众中去作宣传解释，化为群众的意见，使群众坚持下去，见之于行动，并在群众行动中考验这些意见是否正确。然后再从群众中集中起来，再到群众中坚持下去。如此无限循环，一次比一次地更正确、更生动、更丰富。

——摘自毛泽东：《关于领导方法的若干问题》

在改革开放和市场经济条件下，作为联系党员群众和党组织的桥梁，基层党代表始终贯彻“从群众中来，到群众中去”的群众工作方法。党代表们就像列宁所说的千百条线索，在服务基层党员群众的过程中把他们有机地组织起来，成为了名副其实的“基层政治家”。

一、致富的能力 + 道德的力量 =“群众领袖”

1942 年 12 月 9 日，刘少奇在晋西北干部会议上向广大党员干部介绍了群众运动的经验，其中重要的一条就是“真正巩固的群众运动，一定要有群众的领袖”。他指出，党和军队的领袖可以委派，而群众领袖是不能委派的。因此，要注意培养群众中的积极分子，使他们成为有威信的群众领袖。五位党代表的履职故事给我们以启示：要成为群众领袖，不但自己能致富，而且愿意带着大家一起致富。

打麦场变工厂：村民都富起来了

20 世纪 80 年代初农村土地承包到户以后，年轻的才哇分到了一块地，他的生活逐渐有了好转，起初只有一辆小拉车，后来靠积蓄换成了驴车，再后来驴车换成了马车。才哇勤劳肯干，在扎西大通村三社中是公认的。

2005年换届，由于本社的老百姓特别拥护，才哇当上了社长。但是，他觉得自己文化水平低，口才一般，得知被选为社长了，担心有负众望，还出去躲避了两个月。从外地回来后，几番推脱不掉，才哇还是在大伙儿的支持下当上了社长。

才哇在离开扎西大通村三社村民才巴君乃（左）家时，老人和才哇行碰头礼

才哇觉得不做点实事就对不起老百姓对他这么高的期望。他翻来覆去想了好几天：应该发展集体经济带动大家共同致富。发展集体经济的第一步就是整合土地。但是，原来本社有270多亩耕地，后来国家建设水电厂需要征地，到他任职的时候就剩下50多亩地了。

那时，才哇考虑了很多。他把社民集中起来商议说："大家信任我，选我当社长，把职责放到我的肩膀上，那我们就要抱成一团。现在仅靠种地来吃饱肚子、增加收入已经不可能了，我们就来一起想办法增加集体经济收入吧。"

经过才哇同大家反复商议，一致决定每户出资2千元办集体经济，再由他向亲朋好友借些钱，总共凑到了20多万元，可还是不够。

才哇决定再次召集大家商量。有人提出，社里面占地80亩的打麦场能否转让一部分出去，这样就能凑一笔钱，而每年打麦的时候也用不了80亩的场地。经过社民的一致认可，半个打麦场转让后得到120万元，再加上原有的20万元，总算凑齐了办集体经济的资金。很快，才哇带领大家办起了沙场、砖厂和牧场，社里的待业青年、失业人员也被吸纳进来，通过一段时间的培训，给他们安排了一些力所能及的活计。

为了加强管理，才哇招聘了专业的会计、出纳人员，资金账目清清楚楚，一年下来，总能有三四十万的收入。年底分红时，社上的45户农户、137人，每户能分到200斤青稞、150斤面粉、150斤大米，还有煤炭或牛粪等燃料供应。此外，社上还供养了13名五保户，帮助村里建了一个敬老院，让全村孤寡老人都能享受到关爱。

扎西大通三社村民组织召开年终分配及总结大会

才哇要求厂子赏罚分明，在管理中发展出一套奖惩机制。干得好的，每月能有 2000 元的收入；做事不认真的，一天就要罚款 50 元，这样就能保证按制度办事，不偷奸耍滑。这样坚持了一两年，集体经济渐渐地正常运作了，老百姓都很高兴，不但有了收入，就是原来整天打麻将、酗酒的人，也有了正经工作，不再滋事，减轻了家庭负担。

社里有了集体经济以后，才哇还组织大家出去旅游，共享集体经济发展的成果，促进人与人之间的感情，大家距离拉近以后，团结起来一起干事业。才哇把乡亲带到草原上，搭上帐篷，一起跳舞唱歌，自由交流，集体玩上五六天，这种集体游在当地被称为“野游”。三社的集体经济做出了名气，邻近的一社、二社、四社也纷纷提出要加入进来，发展经济搞旅游。于是，才哇开始帮助并指导大家一起搞。

在大家共同努力下，三社和其他村社的集体经济蒸蒸日上。大家的腰包鼓了起来，村社的风气也渐渐改变了。大家深深地感到，劳动最光荣，通过辛勤的双手劳动致富，获得的幸福生活才会更真实、更甜蜜。

大用合作社：除了盐，啥都生产

林永明还没组建大用现代农业农机专业合作社的时候，当地流传着这样一句话：穷得只剩几亩承包地了。躺在肥沃的黑土地上没饭吃，这怎么能说得通呢？

林永明边跑运输边思考，他发现城里人不愿意买市场上的粮食，更愿意吃农民自己种的，看来土里刨食还是有出路的。2002 年，他用跑运输攒下来的钱，整了几百亩地种粮食，苞米、谷子、高粱都有，磨好以后自己开车到城里卖，很受欢迎。尝到了甜头之后，他开始琢磨怎么样让更多的农户加入进来，一起致富。

2003 年，黑龙江省开始搞首批合作社试点，给了基础条件较好的呼兰区（当时为呼兰县）5 个名额，可没给林永明。但他早就动了心，并觉得这是一个带动大家一起致富的机会。首先，大用镇的土地集中连片，大机械能直接下地，便于机械化作业和规模经营，仅自己一人就经营了几百亩地，再算上由他管理的，总共有 1700 多亩地；其次，自己懂机械、会管理、善经营，大伙儿信得过；最后，自己利用镇里乡办企业的院子作为合作社的初始基地，已初具规模。为了试点能在大用落户，他到有关部门据理力争，合作社名额总算争取下来了。

三角翼飞机在喷洒作业

大型农机在耕作

大用现代农业农机专业合作社鸟瞰图

可是，接下来的事情更多。从找民政部门办执照，到自己配备厂棚场地，从培训驾驶员、购置农具，到筹措资金、自办加油站，林永明带领社员们一件一件地办，合作社框架健全了，内容也充实起来了。但由于前期投入大、周期长，从 2003 年到 2005 年年初，合作社基本上在赔钱运转。

等到 2005 年下半年，合作社注册了“禾下土”商标，产品得到相关部门的质量认证，土地面积达到 5000 亩，规模经营的优势显现出来了，合作社一举扭亏为盈。

合作社是一片农业天地，按林永明的话讲就是：“除了盐不能生产，啥都有了”。合作社里全是有机绿色食品，从生产到销售的每个细节都不能出差错，可说是一项极精致的工作。

大用合作社的智能工厂化育苗大棚

自己育种，避免了假种子、转基因产品的出现，可成本也高，不仅要请农艺师，甚至还要到海南岛包地育种。4.5 万亩地用的都是生物复合肥，这可是一个不小的量，合作社就自己搞起了养殖，猪、牛、鸡、鸭的粪便成了原始肥料。可养殖的饲料也是个大头儿，合作社又用自产的有机粮食酿起了酒，用营养丰富的酒糟作饲料。如此一个大循环，肉、蛋、奶、菜、果、粮，餐桌上的有机食品一应俱全，稍微放点盐，就变成了令人垂涎的健康美食。

如今的合作社，已发展壮大为拥有 92 个地块、4 个工厂、400 多农户参加的超大型专业农业合作社。凡是出让土地给合作社经营的农户，都能到合作社打工，一户一个指标，出力就有钱，再加上土地出让金，就是一笔不小的收入。大家跟着林永明一起，为了合作社更加美好的明天，虽然汗滴“禾下土”，但粒粒皆幸福。

从三沙到五沙：渔场变花田

2001 年，三沙村开始筹划建设花木基地，陈炎连敢为人先，甩掉顾虑，带头承包了18多亩地，当年收入达20多万元，成为村里第一批富起来的花木种植农户。

陈炎连搞花木种植，一直秉持这样的理念：一个人好，不是真的好，没有规模生产，就没有广阔市场，只有大家都好起来，规模才能大，市场才能广。因此，对于种植技术、市场信息等行业的“核心机密”，他从不保留，而是同大家分享。在花场里，经常可以看到陈炎连和各地的种植户围坐在一起，喝着茶，抽着烟，慢慢聊，真心实意地教技术，不遗余力地闯市场。

陈炎连虽然文化水平不高，但肯学习、肯动脑。他为了使三沙的花木种植有更大发展，联合村里的农户，向中山市民政局提出建立三沙花卉协会的申请，并在会长的岗位上一干就是七八年。他看到互联网的巨大影响力，努力促成三沙花卉协会网站的建设，又积极推动“村村通”信息工程在三沙的落地。他看到农业机械化的巨大效益，就琢磨着要将现代化农机具应用到三沙的花场中来。

2002年，三沙村决定重新布局村里的生产格局，按照“农业分区”的原则，专门辟出5000亩地作为花木生产园区，并采用土地反承包的方式，以每亩1000多元的价格把土地从农户手里承包过来，集中力量搞花木种植。

三沙花木基地欣欣向荣的繁忙景象

陈炎连非常拥护这一决定，他看到了花木发展的前景。可是，三沙村有不少农户原以打渔、养殖为生，不熟悉花木种植，心里想不通。陈炎连和村委一班人，看准机遇、下定决心，挨家挨户地做工作，一个一个地谈问题。搞了五六年养殖的梁炎祺，开始时也是想不通。陈炎连找上门去，给他分析种植的好处，风险小、收益大、省体力，并答应教他种植管理的技术，鼓励他勇敢地尝试一下。几次谈心下来，老梁决定承包几亩地试试。不过两三年，他不但还清了养殖时欠下的 10 万元债务，还成为了三沙村首屈一指的种植大户，在三沙村、五沙村、六沙村，都有自己的花场，50 多亩的花场里产出了金饭碗。

老梁的致富是三沙村民的一个缩影，经过陈炎连和村里的细致工作，土地反承包开展得很快，大家都从中尝到了甜头。周边五沙村的村民看到了三沙村的巨变，都坐不住了。五沙村支书找到陈炎连，请他帮助五沙村调整农业结构。陈炎连一口答应下来，并指出五沙村紧挨古神公路，交通便利的条件一定会带来不少商机。他亲自到五沙村，为党员、村民代表召开会议，做动员工作，讲解种植的好处，并承诺指导技术。终于，大多数农户走上了花木种植的致富路，仅第一批 260 亩花木地开始投标后，亩租金就达到了 7000 多元，比原来鱼塘承包高出 5000 元，村集体一下子增收 140 多万元，摘掉了“中山市扶贫村”的帽子。

如今，三沙花木基地面积已发展到 8600 多亩，1000 多家花木场，经营品种 350 多个，全村 90% 的农户从事花木种植业，从事花木种植及流通的村民达 400 多户、1800 多人，外来务工人员 3000 多人，生产总值由 2001 年的 2000 万元发展到 2009 年的 2 亿多元，三沙村集体经营纯收入由原来的 600 万元猛增到 2010 年的 3500 万元，产品行销广西、湖南、上海等 25 个省（区、市）以及港、澳地区。三沙村所在的横栏镇，也因此成为真正的“中国花木之乡”。

二、群众工作要做进家庭

自古以来，中国形成了以家庭为本位的社会，社会关系和伦理标准几乎都是围绕家庭形成的。中国古代记述典章制度的《礼记》中讲：“身修而后家齐，家齐而后国治”。家庭，自古就是联结个人与国家的纽带。中国共产党之所以能有效组织和动员群众，最基本的一条是他们了解每一户家庭的真实需求，共产党人带着感情把群众工作做进了家庭。

“治国必先齐家”

陈炎连陪着小孙子一起学习

陈炎连前些年搞养殖的时候，效益低、风险大、耗时长，白天守在鱼塘边不说，就是晚上还要值班守夜，陪家里人的时间少之又少，更谈不上关心和教育子女了。而搞起花木种植以后，陈炎连就有了更多时间陪伴家人，自己缺少文化知识的遗憾也得以弥补——把 3 岁的小孙子送到外语学校，花高价加强教育，期望他将来成为有用之才。

在三沙村，由养殖转到花木种植的农户很多，不但提高了经济效益，根据陈炎连的分析，还产生了一个更大的“副产品”。近年来，在花农子女中仅考取中山大学的就有 10 多名，而这在以前是想都不敢想的。家人能够得到更多时间陪伴，家庭和睦，子女的教育也跟着得到强化，不过几年，效果就十分明显了。

说起学习的重要性，杜洪英也深有感触。年轻时刚从山东到玉环的杜洪英根本听不懂当地方言，她想，不懂玉环话，怎么和大家交流、开展工作？以后组建了家庭，连话都不会说，怎么和长辈拉近感情？于是一个字，学。通过请人家念报纸，她看口型、记口型；多与当地人接触，“厚着脸皮说”，说错了就再学。现在的杜洪英已是山东话、玉环话“两门抱”，熟稔地用身边人的话同身边人打交道。

杜洪英的父亲是一位老革命、老党员，对群众有深深的感情。战争年代出生入死，他常说，相比牺牲的战友，自己能活下来已是万幸，更多的时间就要用来为群众谋幸福。前些年大家都不富裕，但每有困难群众向他家借钱，杜老总是慷慨相帮，根本没想过要别人还钱。杜洪英的母亲是缠着足的淳朴家庭妇女，在山东老家辈分大，可在村里见了谁都主动打招呼，待人和善，遇到受灾讨饭的人，会毫不吝惜地管他吃个饱。继承了父亲为国为民的家国情怀和母亲与人为善的传统美德的杜洪英，在工作上是好党员、好干部，在生活中是好女儿、好儿媳、好妻子、好母亲。杜洪英父母过世以后，她把所有的爱倾注到了对公婆的孝敬上，公婆也把她当成女儿看待。

杜洪英对儿子要求很严格，从小就教育他踏实做事、老实做人。一次，儿子在上课时与同学一起往教室里冲，摔倒在地，受伤后缝了好几针。杜洪英反倒批评了他，这么多人挤在一起，难免出状况，要是提前进教室，不和大家挤在一起，就不会摔倒了，说着，还在他屁股上拍了两巴掌。而回到自己屋里以后，杜洪英心疼的泪水才忍不住流了下来。就是这样“不近乎人情”的教育，使孩子成长为优秀的青年，凭借考试获得头名，成为了县里的公务员。在工作中，他主动帮助同事，难事儿累活儿往前冲，得到大家的交口称赞。

社区管理中的“家”力量

孩子是家长的心肝宝贝，是全家的掌上明珠。有时候，做大人的工作做不通，采取迂回的办法通过孩子去做工作，往往收到皆大欢喜的效果。妇女是家庭的重心，尽管不一定是中心，但是上可以影响父母，下可以影响儿女，中间可以影响丈夫，谁获得了妇女的支持，往往就获得了全家的支持。以孩子“治”大人，以女人“治”男人，借助他们的力量来进行社区管理，往往会有特殊的效果。

相关链接

“她”力量

美国记者杰克·贝尔登通过对国共内战的近距离观察发现：“在中国妇女身上，共产党人获得了几乎是现成的、世界上从未有过的最广大的被剥夺了权力的群众。由于他们找到了打开中国妇女之心的钥匙，所以也就找到了一把战胜蒋介石的钥匙。”[①]而早在1939年，陈云也指出：“要把百分之九十以上的民众组织于团体之内，主要问题是组织妇女的问题。……妇女是群众运动中巨大的力量，哪个地方妇女已经发动起来，这个地方的群众运动就深入了。”[②]

① [美]杰克·贝尔登：《中国震撼世界》，邱应觉等译，邱应觉校，北京出版社1980年版，第394页。

② 陈云：《巩固党和加强群众工作》，《陈云文选》（第一卷），人民出版社1995年版，第160页。

戒除毒瘾是一件十分困难的事情，对于重症瘾君子来说就更难了，天剑社区的曹某就曾是这样一名屡戒不掉的人员。一次，曹某的幼子去戒毒所看望他，看到孱弱无助的孩子使出吃奶的劲抱着一个不算大的西瓜，已经湿透衣衫，摇晃着站在那里，曹某不由得泪如雨下。张国庆看到这一幕父子情深，真切地体会到解决吸毒者的家庭生活问题才是治本之策。她代表社区到公安局为曹某的两个孩子解决了城镇户口，以便其就近入学接受良好的教育。之后，曹某转到家里戒毒，张国庆自掏饭费，吃住在他家里，从早到晚守在他身边，这让曹某非常感动。

有时曹某毒瘾发作起来控制不住，对身边的人连打带骂，稍不注意就可能伤及无辜。曹某问："我的情绪控制不住，你天天赖在这里也不走，就不怕我拿刀做出什么事来么？"张国庆说："我相信你是不会的。你那么在乎小孩，万一你闹出什么事来，你的孩子最遭殃。"终于，张国庆通过孩子做工作，戒掉了曹某的毒瘾，祛除了他的心病，换来了家庭的幸福和社区的安宁。

天剑社区 37 名妇女组成妈妈禁毒团队，向社会倡导"关爱生命，呵护家庭"的理念

2002 年，为了帮教转化社区吸毒人员回归社会，长沙市天心区天剑社区成立了以离退休阿姨为主体的爱心帮教小组，采取谈心、助困等多种方式提供帮助。2011 年，在此基础上，社区又成立了长沙市首个名为"禁毒

妈妈联盟”的民间禁毒公益组织，作为社区禁毒工作的一支重要力量，涵盖社区女性综治专干、片长栋长组长、辖区单位综治负责人、社区志愿者、五老成员、社区学校女老师、帮教对象的家属和亲友等身份的妈妈们，成员达到150余名。她们及时了解被帮教人员的思想动态和工作、生活、学习情况，积极做好引导、协调、反馈工作。同时，“禁毒妈妈联盟”配合“社区戒毒康复中心”先后为省内外近300名瘾君子解除毒瘾，以母性的关爱唤醒迷途中的浪子。

搬迁中的“亲戚动员法”

2010年7月20日，青海玉树大地震过去三个月了，专门为开展灾后重建而建立的各级管理委员会正式运转起来。才哇所在的扎西大通村设立了三个管委会，这里住户最多、面积最大、情况最复杂。由于熟悉当地情况，他被组织分配到其中的扎南管委会，任群众生活组副组长，负责统计死伤人数、征地重建、灾民证发放等大量工作。

青海玉树州结古镇文化公园内的受灾群众安置帐篷

地震发生后，不少群众的安置帐篷设在了一个较大的公园里。由于人数过多，帐篷搭建密集，在灾情不稳定的时候能够保障安全已属不易。但是，灾情稳定以后，这样的密集程度很容易引起火灾，后果不堪设想。于是，动员刚刚入住的群众搬迁到别处，成了新问题。才哇和管委会的同事可是费了不少劲儿。多数老百姓能够主动配合管委会的动员工作，明白利弊，但少数群众好不容易有了暂住的地方，不愿搬迁。

怎么说服大家搬迁呢？才哇发挥了熟悉当地情况的优势。灾后重建的工程主要由援建的中央企业负责，但工作开展以后感到任务太重，管委会决定引进本地有资质的企业参加。这样，有不少本地人参与到施工中来，他们自然地成为亲朋好友搬迁的动员力量，或者主动前去说服，或者干脆出力帮忙搬迁，省去了管委会不少周折。

有的群众确实十分困难，无力自行搬迁。才哇和管委会的同事先通过“搬救兵”的办法，找他家的亲友帮忙劝说，再帮忙联系车辆、出劳力，并安排到较好的安置位置，从而解了他们的后顾之忧。

在安排好第一批 32 户群众的搬迁安置工作以后，由于得到老百姓的高度信任，依靠自身的说服力就能得到大家的认可，才哇又接连完成了难度更大的第二批 13 户、第三批 7 户群众的安置。在工作中，他也同大家结下了患难真情。

三、激励群众也得“两手抓”

中国共产党在革命战争年代摸索出的给人民群众看得见的物质福利与精神激励的方法，直到今天也是赢得最大多数群众拥护和支持的重要途径。

给老百姓带来物质福利

毛泽东指出：“一切空话都是无用的，必须给人民以看得见的物质福利。……我们的第一个方面的工作并不是向人民要东西，而是给人民以东西。”[①]服务于老百姓的生活，服务于经济的发展，带来物质的富裕和安全感，是共产党人时刻牢记的职责，也是他们获取力量的汩汩源泉。

2008 年仲夏的一天，黑龙江省农委领导到大用合作社视察，距离几里路时就提前下了车，向沿途五六个村询问林永明和大用合作社的情况。村民们说，林永明很讲诚信，我们把地租给他种，放心。老百姓在背后异口同声的好口碑，是林永明带领合作社用一件件好事树起来的。

① 毛泽东：《经济问题与财政问题（节选）》（1942 年 12 月），《毛泽东文集》第 2 卷，人民出版社 1993 年版，第 467 页。

相关链接

开弦弓村巨变

一位名叫葛迪斯的澳大利亚人类学者，在《共产党领导下的中国农民生活——对开弦弓村的再调查》一书中，认真对比了1936年与1956年江苏省开弦弓村发生的巨变后总结到：“看来确实比二十年前，在物质上要富裕得多，而且他们有了更大的安全感。这种情景在中国重复数千次，就构成了共产党人的最大力量及其最大成就。他们给农村带来了救济和援助。”

如今，林永明的合作社试点早已走出沈八村，覆盖周边四个乡镇、数万人口。参加合作社的人，收入增加自不在话下，单就沈八村而言，村民的年平均收入高出本区水平的一倍还要多。今年，林永明给农户的租赁费，由每亩450元增加到了500元。别小看这50元的增幅，乘以4.5万亩这个大数，就是200多万元的净增量。

在新农村建设中，合作社也充当了主力军，仅垫资一项就是1000多万元，搞了盖楼、修路、绿化亮化、上水下水等十多项惠民工程。对此，林永明远未满足，他打算得更长远，向往着把这片大农村建设成一个小城镇，惠及更多的乡亲。

林永明是村支部副书记，镇上每年给他6000元补贴。可是，他这些年分文未取，款项全部以费用返还的名义补贴到了村上建五保家园、交电费之中。

老百姓有什么事都来找他帮忙解决。有的乡亲子女到外地打工，要不到工钱，来找林永明；有的村民家里盖房子需要帮手，来找林永明；有的农户家里病人急等用钱，要求提前支付工资，来找林永明……他说，这些都是鸡毛蒜皮的具体事儿，很难用制度去约束人家，不能以公事对公事，只能用人心换人心、用感情套感情。就在林永明赶赴北京接受笔者采访的路上，一位农户想借林永明的喷灌机给豆角地浇水，一大清早就打来了电话。在访谈过程中，林永明的手机也震个不停，合作社找他办的事儿一个接着一个。

农事急，不等人。林永明每天的工作实在太多，凌晨3点多钟就起床，吃饭都是瞎凑合一下，有时忙得忘记了吃饭。他说：“平时忙，要面对的是成百上千的人；可老百姓来找你，面对的就是你一个人，他的希望就在你一个人身上。”怀着这种担当，林永明就像一头老牛，耕耘在他深爱的黑土地上。

以看得见的荣誉激励群众

有时候，小小的一张证书也能激发起老百姓的自豪感，增强凝聚力。张国庆用实践验证了这一点。

一次，她到居民家中聊天，发现在客厅的显著位置上摆放着一本大红荣誉证书，打开一看，原来是天剑社区颁发的评比激励奖。又到另一位居民家中，只见客厅中的一束大红花，上面缀着姓名。这位居民高兴地说："家里来了客人，我就会告诉他大红花是社区奖励的，还有证书和领奖的照片为证。"这让张国庆意识到，荣誉证书是很管用的，大家是很看重的。

每逢"七一"、年终岁末，天剑社区都要组织隆重的表彰大会。戒毒人员做得好，半年内不复吸的，就被评为"戒毒工作先进个人"；对党员和群众与戒毒人员一对一、结对子进行帮扶的，就被评为"戒毒工作先进工作者"。也有人对此提出异议：吸毒人员怎么倒成了先进个人了呢？对此张国庆有自己的考虑：以前是吸毒人员，现在不仅戒掉了，还为社区做力所能及的事情，和他的过去相比，这不是先进了吗？

天剑社区年终表彰先进个人（居民代表）

社区里设置了不少宣传栏，其中一项就是公示社区志愿服务人员的名单和事迹，而且每季度更换一次，这个季度栏上有名，并不意味着下个季度风光依旧。每逢亲友来看望自己，栏上有名的社区居民就会“不经意地”把人家领到宣传栏前看一看，自豪之情溢于言表。

有人对为社区服务的婆婆姥姥讲，你们就是“一群宝”，张国庆让做什么就做什么，荣誉都是她自己的了，事情都是你们帮她做的。面对嘲笑，这些志愿服务社区的婆婆姥姥有着自己的荣誉观：只要别人说天剑社区好，自己心里就高兴，做无名英雄也心甘情愿，因为这样的高度评价就是花100万元也买不到。

四、组织起来才能有秩序

中国民主革命的先行者孙中山痛感清末民初的中国“人心涣散，民力不凝结也。中国四万万之众等于一盘散沙”，难以达到“人心固结、群力发扬”的效果。[①]事实证明，把分散的群众力量集中起来，使群众在组织中产生归属感，始终是中国共产党应对困难的根本法宝。那么，在日常生活中，党代表们又是怎样把群众动员和组织起来的呢？

相关链接

抗战时期党的群众动员

1946年，作为美国《时代》和《生活》杂志的特派员，白修德与贾安娜出版了《中国的惊雷》，书中记录了抗战时期的中国共产党，是如何做好动员和组织人民群众这一“政治课题”：“中国共产党的目的是要动员中国社会的每一分子。……合作社教给农民怎样以简单的工业单位大家共同地工作。‘青年救国会’担任了军事编制中青年部分的工作，十来岁的孩子守卫着大路，侦探敌人军情，以及担任传递命令的差事。妇女救国会成了社会中一个重要的部门，在这个会里，共产党的组织者教给了落后的农妇们，如何纺织、制袜、打鞋，以及写字和读书。”

① 孙中山：《建国方略》，牧之、方新、守义选注，辽宁人民出版社1994年版，第270页。

“1+7”群众工作站

天剑社区原名“扫把塘”，有一首民谣曾这样唱道：“扫把塘，扫把塘，打架斗殴习为常，吸毒分子把身藏，偷盗成风人惶惶。”可以想见，过去的扫把塘该有多么混乱不堪、杂乱无章。1990 年，初来工作的张国庆就暗下决心，一定要把这里变成人见人爱的好家园。由此，一场动员居民参与社区建设和管理的“持久战”拉开了序幕。

2011 年年底，中国共产党长沙市委在全市范围内推行“一推行四公开”制度[①]，以进一步密切联系群众。在天剑社区，这项制度具体表现为“1+7”群众工作站（及办公室）的形式，“1”是指社区党委领导下的社区群众工作站（总站），“7”是指 6 个分片分站及 1 个外来务工人员分站。而每个分片设片长 1 名，涵盖几座到十几座不等的楼栋，实现了整个社区 122 座楼栋以“片”为单位的网格化管理；每座楼栋设楼栋长 1 名，负责联系整座楼栋的每户家庭。在每个分片，设独立的办公地点，配备办公用品、专业喇叭和常用消防安全器材等设备设施，设立有流动人口信息员、外来务工人员信息员、计划生育工作信息员、残疾人工作信息员等岗位，多由党员担任片长、楼栋长。

天剑社区“1+7”群众工作站的动员体制

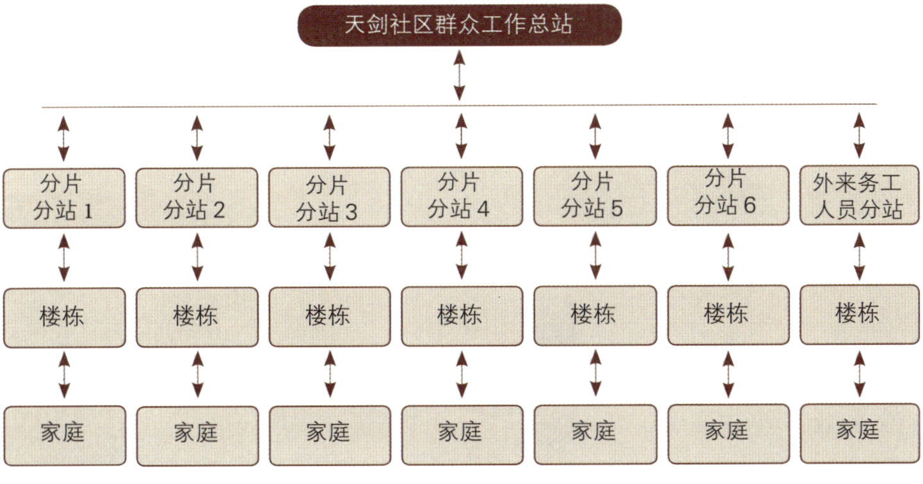

① “一推行四公开”制度，即全面推行干部联点驻村（社区）、公开联系方式、公开岗位职责、公开监督机制、公开考核办法。

通过构建"社区—分片—楼栋—家庭"联动的四级单位，社区联系片、楼栋，甚至直接联系家庭，分片联系楼栋和家庭，楼栋联系家庭，上上下下，融会贯通，形成了权责明确、沟通顺畅、人员有位、动员有力的社区组织动员的有效体制。在实践中，这套机制显示出了强大的生命力。

每逢周一，社区召开一次楼栋长会议，在参会的 60 多人中，不仅有老住户，还有外来务工人员、志愿者，仅党员就有 50 名。经过简单总结上周工作与布置本周工作，社区工作人员、片长、楼栋长就回到所辖区域了解情况，与群众面对面接触。如本周工作与上周基本相同，则取消召开会议。

采集人口数据是一项十分烦琐和困难的工作，一方面需要足够人手来采集各种信息，另一方面需要被采访对象的配合，没有一套有效举措，是很难实现预期目的的。天剑社区凭借"社区—分片—楼栋—家庭"机制，安排负责信息录入的社区工作人员、综合协管队员实行不间断的五班轮班制，保证在不同时间段都能采集居民的信息。天剑路上有许多自建小楼，大都居住着外来务工人员，他们白天工作不在家，须由楼栋长们记下门牌号码，由采集员晚上入户调查。有的住户警惕性较强，就需要楼栋长陪同采集员楼上楼下地跑，才能成功采集到信息。没有楼栋长人头熟、好说话的优势，信息采集就会遇到更大困难。

合作社是座连心桥

合作社可以集中力量办大事。林永明一面是合作社的理事长，一面又是村里的干部，两副重担一肩挑，两项工作一起抓。村里搞新农村建设时缺少资金，合作社前前后后拿出 1000 多万元来支持，给各家各户安上了自来水，把水泥路修到了家门口，配套的绿化也到了位，还下大力气盖上了平板楼，彻底改善了村里的生活环境。有的村民看到了好处，只想沾合作社的光，却不伸手帮忙。林永明对他说："不能老想着在这儿张嘴等着，咱们得合起来抱成团，靠大家伙儿的力气，才能一块儿把事给办了。"

大用合作社居民入住的拆迁房

征地拆迁是一项很难办的工作，2011 年合作社搞拆迁，没有大动静就平稳地动员 175 户上了楼。林永明和他的社友们采取的办法是，先盖楼，后动迁；先选房，再拆迁；先作价，再公示。农户原来的房子质量参差不齐，有土房、砖房、瓦房等，合作社大体按照 1100 元 / 平方米的价格给予拆迁补贴，之前就已设计建造了建筑面积为 50、70、80 余平方米不等的多层（以 6 层为主）楼房，并按照 1115 元 / 平方米的均价作价，一层能够经营商铺，价格甚至卖到了 1600 元 / 平方米。通过这样的办法，农户的旧房换成了新房，由于旧房面积大些，不少农户除去新房还获得了一笔补贴，同时房屋置换也解放了不少富余土地，提高了土地利用率。

合作社还能有效化解群众间的小矛盾。有一次，在合作社工作的老张和林永明闹起了别扭，事情很快就在乡亲们中间传开了。街坊们都劝老张说：“你说你还折腾啥呀，老林这些年给咱们忙里忙外累个够呛，不就因为工作上的问题扣了你点钱吗？让人家省省心吧。”事后老张想，街坊们说得对，林永明一门心思为了合作社，让乡亲们都富了起来，跟着他干准没错。

外来务工人员也有工会

社会愈是有组织，愈是有力量，愈是有秩序。天剑社区仅外来务工人员就有 5000 多名，个体的分散给社区管理带来诸多不便，能不能在流动人口中建个工会呢？一些外来务工人员同张国庆谈起了这个想法，双方想到了一处，一拍即合。于是，张国庆先向天心区总工会作了汇报，得到了上级组织的大力支持；同时，她深入到流动人员中间，号召大家组织起来，成立工会，推选出有爱心、懂文化、讲奉献、善沟通的代表来做工会主席，和社区一起做工作。2003 年 9 月 10 日，经天心区总工会批准，在原有的“流动人口管理服务站”基础上，天剑社区里建立了湖南全省乃至全国第一家完全由外来务工人员等流动人口组成的“流动人口工会”。

经过不断发展，天剑社区各种工会组织逐渐壮大起来，2010 年 4 月 1 日，拥有近千名会员的天剑社区工会联合会挂牌成立，流动人口工会、非公企业工会等在这个大家庭中更紧密地组织在一起。

组织网络的完善是工会发挥作用的前提。通过建立“工会组织亮牌子、工会干部亮身份”制度，实现了职工群众的事情有人办、有人管。通过网格化管理，社区划分为 6 个网格，相应成立 6 个管理服务小组由社区工作人员和职工群众组成，实现了“横到边、纵到底”的全覆盖。

来自四面八方的外来务工者，先后来到天剑社区这个新家庭，朝夕相处、互帮互助，一曲《外来务工人员之歌》道出了其中的苦乐酸甜。社区外来人口中有不少以贩卖蔬菜为生，早出晚归、风雨无阻，用一天的辛苦付出换来了附近居民的便利生活，也增加了自己和周边菜农的收入。社区工会联合会主动为这些贩菜人员建立了独立的工会组织，凝聚起他们的归属感，方便他们交流蔬菜相关信息。年底时，工会联合会还要组织大家召开年终总结会议，感谢他们为社区作的贡献并送上慰问品。外来务工人员甘江波感慨地说：“天剑社区这么有人情味，天剑好啊，太谢谢了。”

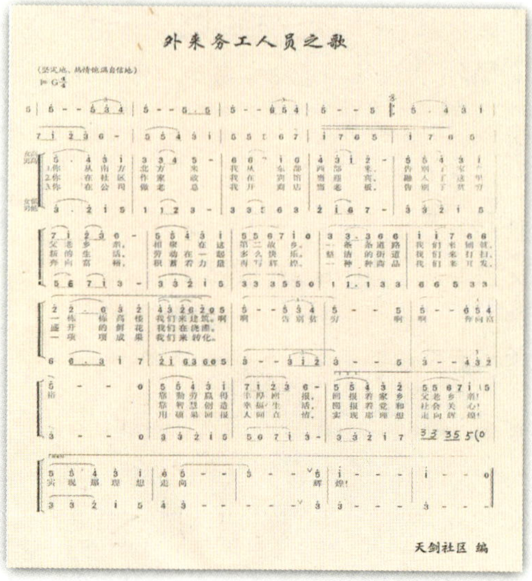

天剑社区的《外来务工人员之歌》

文娱活动聚人心

这些年，天剑社区每年都要举办大型文娱活动，而如何组织动员居民参加，是一个不小的难题。张国庆依靠“社区—分片—楼栋—家庭”机制，发动每个分片组成一支合唱队伍，外来务工人员、青年人也分别组织了队伍。这就吸引了不少爱好唱歌的居民，大家吃过晚饭以后，十几个人聚在一起，拿着歌词练习，每个分片都争先恐后，憋着一股劲要拿第一名。一阵阵歌声飘荡在社区的每个角落。

在各种宣传活动开始前几天，社区会将活动时现场提问的题目发给大家，各个分片、楼栋组织大家背题目、搞竞赛，组织发动人数多的分片，还能得到集体组织奖。通过背题目，大家了解了相关知识。

在活动中，各合唱队伍争相上台，你方唱罢我登场，预先暖场，迅速营造起了激动人心的现场感。之后的活动竞赛中，甲方乙方同台竞争，既调动了参赛人员的积极性，活跃了现场气氛，又使台下的观众在快乐中学到了知识。

组织大型的群体互动型活动，要求组织者具备很高的组织协调能力。

天剑社区多次举办数百人参加的大型活动，积累了丰富的经验。上午 9 点开始的活动，早在 6 点多钟，就有很多社区居民自发前来参与会场布置，扫地、搬凳子、调试设备，七手八脚很快就搞定了。

天剑社区居民载歌载舞共庆“三八”国际妇女节 100 周年

虽然参加的人数多，解决活动经费也是个不小的难题，天剑社区的群众活动花费却不大。除去租用音响等设备、聘请专业摄像师以外，基本没有更多的花销。主持人就由年轻的社区工作人员担任，既节省了费用，又锻炼了他们的组织协调能力。有时参加活动的观众太多，500 只凳子不够用，居民就会自发带凳子前来，活动结束时，同样能够获得一份精美的小礼物。

通过这些活动，居民们有更多机会相互了解，沟通感情，增进了对社区的认同和依靠。而在每次活动中，社区的“区歌”都成为保留曲目，唱出了全体社区居民的心声。

五、一碗水要端平

法国的《人权和公民权宣言》宣告：“在权利方面，人们生来是而且始终是自由平等的。”若干年后，一位名叫托克维尔的法国年轻人，怀着对新大陆的好奇和对平等的求索，游历大洋彼岸的美国而写下了《论美国的民主》，他敏锐地察觉到：“平等可以每天向每个人提供大量的小小慰藉。平等的美好处时时刻刻都能使人感到，并及于每一个人：高贵的人不能无所感，普通老百姓皆大欢喜。因此，平等造成的激情既是强烈的，又是普遍的。”[①]

① ［法］托克维尔：《论美国的民主》，董果良译，商务印书馆 1988 年版，第 119 页。

中国共产党自成立之日起，就把实现“平等”作为努力奋斗的目标之一，中国特色社会主义制度就是要建立一个人民当家作主、经济共同富裕、文化共同繁荣、社会和谐稳定的社会，让全体中国人民共享社会主义现代化建设的伟大成果。党代表在群众工作中坚持“一碗水端平”，不论亲疏远近、不搞“看人下菜”，拉近了新老居民的距离，促进了社会的和谐与稳定。

档案面前人人平等

杜洪英重新对档案材料整理后编号

杜洪英的档案工作在全国做成了品牌，不仅因为她业务好，把枯燥的档案管理工作搞得有声有色，还因为她牢牢握住“档案面前人人平等”的标尺，严格按照规章制度管档案，让人心服口服、心顺气顺。

每逢人事档案进出时，杜洪英都要把当事人请到档案室仔细核对、亲自确认。有一名从外县调到玉环县的干部，在填写“家庭成员”一栏时，居然粗心地把儿子错写成了女儿。杜洪英在经过调查和询问后，及时向他提出了这个严重纰漏并督促其更正，令他十分感动。如此认真负责的态度，叫那些前来办理档案的人员赞叹不已：自己的一份档案与成千上万的档案比起来，在杜洪英的档案室里，都是一样贵重的。

在玉环县委机关工作的小张评上中级职称后，忘记将相关证明材料加到档案中去。杜洪英得知以后，立即打电话通知他抓紧补办，这让小张既补齐了档案材料，又加了一级工资。

前些年，档案材料还没有实现网络化管理，都是一笔一画记下来的。由于写得多、记得细，杜洪英对管理的档案内容熟稔在心。一天深夜，县委研究了某位同志的职务调整问题，需要掌握他的年龄信息，就立刻打电话给杜洪英，而她已养成了 24 小时不关机的习惯，以备他人查找询问档案事宜。由于该同志处在提拔与退居二线的年龄节点上，准确弄清年龄十分重要。杜洪英虽已对他的年龄记在心中，但为防止万一，还是赶到档案室亲自作了确认。面对与自己毫无关系的一位干部的职务调整问题，杜洪英却有着自己的判断："这不仅是白纸黑字的问题，而且关系到人家的政治生命，我们可不能开玩笑"。

在档案室的大部分时间，杜洪英面对的是冷清的屋子和整齐摆放的档案，屋子里除去自己忙碌的身影和浇灌的几盆花草，显得毫无生气。杜洪英并不因此消沉，而以积极的态度平等看待每一份档案："档案对我来说，不是死的物品，而是鲜活的人。"见物及人，对群众的关心体现在对档案的关注上，使大家感到自己的档案在杜洪英这间档案室存放着，放心。

"本地人"、"外地人"一家亲

根据相关统计显示，2011 年我国农民工总量达到 25278 万人，在珠三角地区务工的农民工为 5072 万人，占全国农民工的 20.1%①；而 2010 年广东省常住人口约为 10430 万人②，大致算来，仅珠三角地区务工农民工人口已相当于广东全省常住人口的一半。本地居民和外来务工人员交流交往的程度与密度均达到了相当高的水平。

陈炎连（右）和外来务工人员在喝茶聊天

仅在陈炎连的花木基地里，就聘请了 10 多位外来务工人员从事花木种植和管理工作，数量超过了本地员工。在基地和花场发展壮大的十来年里，有的外来员工已在此工作了八九年，流动人口成了常住户，而吸引他们留下来的，就是陈炎连实实在在的"大礼包"：给花农上保险，每年发放 13 个月的工资，提供 10 天的带薪休假。这样的做法显然受到欢迎，已在周边的花场里悄然推行开来了。

① 国家统计局：《2011 年我国农民工调查监测报告》，http://www.stats.gov.cn/was40/gjtjj_detail_data.jsp?searchword=%C5%A9%C3%F1%B9%A4&presearchword=%C5%A9%C3%F1%B9%A4&channelid=5705&record=2。

② 国家统计局：《2010 年第六次全国人口普查主要数据公报（第 2 号）》，http://www.stats.gov.cn/tjgb/rkpcgb/qgrkpcgb/t20110429_402722510.htm。

除去物质上的满足感，精神上的归属感同样重要。一次，基地的一位员工突发疾病，陈炎连赶忙招呼大家把他送到医院并垫付医药费，等病情稳定了又让他回老家休养，待病好后再回来工作。“人到难处想宾朋”，危急时刻的一把援手，打动了员工的心，换来的是心与心的交往，不论“本地人”、“外地人”，都是“中国人”、“自家人”。

三沙村党支部是上级党组织评定的两星党支部，对外来务工人员中的党员也是格外关注。一旦了解到有流动党员流动到三沙工作，就主动建立联系，邀请他们参加党组织的活动，使他们感受到外地党员同本地党员一样，都是党的成员，拥有同样的权利，都会受到同样的尊重。

陈炎连对“本地人”、“外地人”的看待是一个样的。在他办起花场以后，以身作则，同周边的花场主一道，真心把花农当亲人对待，同花农一起居住和生活，在工作中建立起相互信任、依靠的关系。

在谈到“本地人”与“外地人”的关系时，陈炎连讲得最多的是“以平常心看待”。其实，不管来自什么地方、什么岗位，既然能够相遇就应当融洽共事、和谐相处，而没有你、我、他的分别。

处理人情世故也要有平等心

有人认为，富兰克林·德拉诺·罗斯福能够获得广泛支持，“主要在于他能广泛联系群众，听取各种不同意见，理解群众心事，动员群众的热情与精力”[①]。老百姓恰恰是由于感受到自己没有被忽视，哪怕是一次普通而短暂的会面、几句发自内心的问候，而变得心情愉快、情绪顺畅。

社区工作人员与居民直接接触的机会很多，工作中些许“差别对待”就很容易引起大家的不满，已有的成绩也归了零。天剑社区的一万多名居民中，不认识张国庆的可谓少之又少，这位公

相关链接

我经常与之谈话的人有掌管我国大工业和金融机构的；有代表农场主和工人的；也常有并不身居高位但来到这幢房子找我的普通公民。我经常试图看到比白宫的大门更远一些，比首都的官场更远一些，看到普通家庭男女的希望和恐惧。

——富兰克林·德拉诺·罗斯福

① 刘绪贻、李存训：《美国通史》第5卷：富兰克林·D．罗斯福时代，人民出版社2002年版，第222页。

众人物的一举一动都被大家看在眼里。因此，平等待人就成了张国庆工作中紧紧绷住的一根弦。

张国庆自家的红白喜事一概不收份子钱。2003 年她的女儿出嫁时，既没有对外宣扬办喜宴，就连自家亲戚也没有请，婚事就这样静悄悄地办了。有的亲戚看不过去，张国庆却说，办婚礼是一项很重要的仪式，但更重要的是夫妻双方和睦，家里亲戚有什么困难需要帮忙的，小两口肯定不会推辞的。2006 年，张国庆母亲去世，她又把消息封锁了，只请了社区几名工作人员帮忙料理。直到出殡那天，有的居民看到她家忙进忙出而上前询问，才得知情况。于是，大家纷纷相互转告并赶到追悼大厅，由于来的人太多，不得不临时更换到了一间大厅安排悼念活动。事后，张国庆委托工作人员，一一登门拜谢，将大家送来的份子钱逐个如数送了回去，愣是一分钱都不收。她说："大家来了，就是母亲最欣慰的事，说明她的女儿做事还是得到大家支持了。"

红白喜事本是人情往来，相互关照也是人之常情，可张国庆考虑的远不止这些。她认为，自己家有了事，张三送了礼，李四没有来送，李四找她办事要是没办好，他就可能会有想法。相反，大家的钱都不收，只要在工作上能得到大家的支持，比什么都好。

六、基层党代表的群众工作法

近年来，在中国共产党的基层组织建设中，探索形成了不少具有地区、部门特色的党建"工作法"。比如，河南省"四议两公开"工作法、四川省"文建明工作法"、江苏省 9 个"基层党建工作法"，等等。张国庆这位"小巷总理"在 20 余年的社区工作中，也总结出了一套简便管用的社区方法，由于具有普遍的社区群众工作指导意义，我们权且把它称作基层党代表的群众工作法。

牵"牛鼻子"工作法

此法是指从全局和整体着眼，牢牢把握工作中的突出事件和主要矛盾，在纷繁复杂的事务中，抓重点、抓关键，牵住"牛鼻子"，也就找准了解决问题的方向。

长沙市关于廉租房的文件下发以后，张国庆先组织社区工作人员认真学习，并将其中涉及社区居民申请廉租房的条件这一关键信息单独列出，连同文件一起张贴公示，居民们一看就很容易掌握有关自己的准确信息，避免信息密集和混乱带来的不便。

社区里有人议论张国庆说，她只关心那些外来务工人员、“劳改犯”，不关心“正常人”。张国庆认为，关心就要首先关心困难群体，通过做工作，使这些人好起来、富起来，“坏人带好人”、“穷人带富人”，对整个社区都会产生激励作用。而对困难群体的关心，恰恰最有利于实现社区的幸福祥和生活。

零距离工作法

此法是指从具体和细节入手，在特定时间内，针对具体的人和事，通过心灵沟通、感情接触、贴近服务和细致关心，做通思想工作，解决实际困难，与群众的思想“零距离”、与群众的困难“零距离”、与群众的生活“零距离”。

天剑社区居委会的办公室，除去处理日常行政事务的服务窗口以外，遍及整个社区的每个角落，有社区居民的地方，就是办公的场所。张国庆每天早上 7 点到社区，晚上 10 点才离开，不算工作时间，她也要在这里多待四五个小时。如果哪天要去开会，不在社区，她会提前张贴通告：某日因何不在社区，离开多长时间，何时起恢复正常。天天泡在社区，想不清楚这里的一草一木都难，想不熟悉这里的居民都难。

互联网的优越性在天剑社区体现得并不明显。张国庆的办法是通过人，每个楼栋都有两名以上的志愿者，对每家每户的情况都了然于胸，遇有事件发生，社区第一时间就能得知，而日常的工作，也通过楼栋长、志愿者记录工作日志有序开展。这样，社区的工作做出了人情味，而不仅仅是枯燥的文字和纸张。

动态管理工作法

此法是指“以不变应万变”，不变的是管理与服务的能力与意识，来应对和处理时刻变化的社区综治、社区禁毒、社区矫正、外来人口、计划生育等琐碎的日常事务，依靠成功的经验化解各种难题。

社区购买了 500 只凳子来充当大型群众集会的可移动座位。虽已使用多次，但每次都能如数交还，没有丢过 1 只。原来，这些凳子按照分片由负责人清点后发给大家，活动结束以后，再由负责人统一交还社区，如果没有丢失，就会按使用凳子数发放奖品，每人一份。虽说只是五元、十元的小礼物，却代表着社区对大家参加活动的肯定与感谢，也是对大家诚信行为的鼓励和赞许。

铲雪除冰是一项日常工作，可开展起来却不容易。"各人自扫门前雪"不说，有的就连门前雪也不顾。张国庆在社区里，每遇到这些情况，二话不说，就和工作人员到冰雪最多的地方去，带头做，做彻底，居民们看见了也就都会帮把手，在无声的动态示范之中，问题就解决了。

预警预防工作法

此法是指"不打无准备之仗"，预防社区犯罪、加强安全防范、抵御毒品侵害、防控火灾盗窃，通过社区、单位、学校、家庭密切配合、联防联控，形成保一方平安的牢固网络，达到防患于未然的预期效果。

在天剑社区的社区矫正工作中，很重要的一项内容，就是由社区出面，帮助刑释解教人员再就业，断绝重新犯罪的欲望，防止再入深渊的可能。一方面，为刑释解教人员提供了合法的收入来源，有助于他们重拾自尊自立的信心；另一方面，使他们珍惜手中的工作，减少和不良社会人员的接触机会，促进他们真正回归社会，重新开始美好生活。

发动群众、群防群治，是天剑社区的一条宝贵经验。通过开展"社区自己管"活动，发挥党支部和党员、楼栋长的作用，分片区由党员、志愿者佩戴袖章不定期在社区巡逻，遇到问题立即着手解决，而在平时，一支巡视队伍在社区来来往往，对流窜作案者无疑是个实实在在的震慑。

评比激励工作法

此法是指通过物质奖励与精神激励，引导、示范和带动群众创先争优，奖励先进者、鼓励后进者、激发落后者，

春节前夕，天剑社区购买了大量生活物资慰问外来务工人员

促进不同群体和个人在比较中进步、在争取中优秀、在竞赛中奋进，营造比学赶帮超的浓厚氛围。

把党课讲得引人入胜，是一门真功夫。天剑社区组织的“党课轮流讲”活动，不搞形式主义，不是从文件到落实文件、从重视到高度重视，而是让党员领会中央精神，结合自身实际，用老百姓的语言，讲自己身边的事，说自己的见闻和感受。讲完以后，还要有听课的党员、入党积极分子、楼栋长评分，督促认真备课、调动讲课者的积极性，并因人而异、因地制宜地设立讲坛，真正使讲课内容入耳入心。

青年人由于平时工作忙，参加社区活动不及老年人多，调动青年人的积极性，是社区动员的重点。张国庆从他们喜爱的歌唱比赛入手，积极组织一起排练、一起评比，由于水平普遍较高，由青年人组成的方阵很容易获得第一名。而张国庆却说：“你们虽然唱得好，但服装不如别人整齐，显得不是很重视这件事，因此第一名不能给你们，希望继续努力，争取下次拿第一。”张国庆的话虽是批评，却句句在理，青年们也无话可说，都憋着劲下次拿第一。正是巧妙地运用情绪管理与激励法，抓住了青年的心，增添了社区的活力。

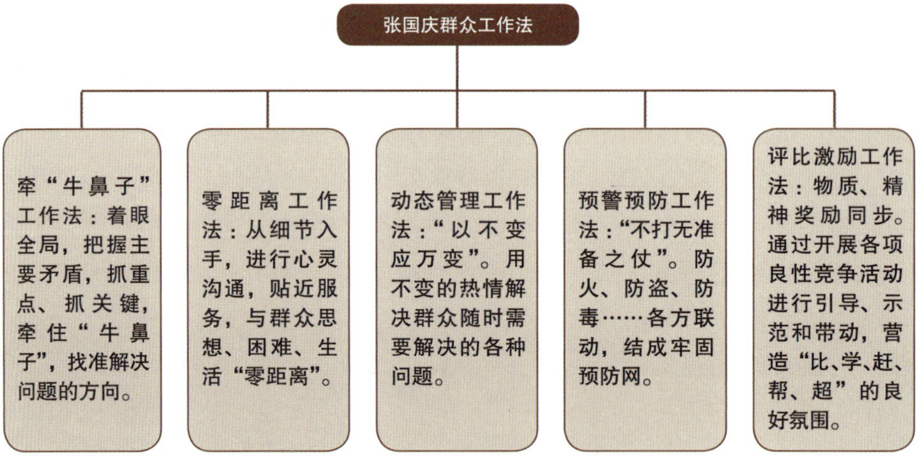

如今，张国庆着眼于新的实践，创立了若干新的工作法，如“换位思考工作法”、“借力打力工作法”、“追根溯源工作法”、“事后跟踪工作法”等，继续丰富着她的工作法。

在各自的岗位上，才哇、杜洪英、张国庆、林永明、陈炎连，中国共产党的各位党代表和广大党员们，都在丰富和完善着为人民服务的工作法，书写着绚烂多彩的政治人生。

七、让基层成为政治家的“摇篮”

近代法国共和派政治家莱昂·甘必大 1876 年 2 月在巴黎的演讲中说，一个人只有进入国民的底层，才能成为政治家……我国著名文学家钱钟书在其小说《围城》中写道，有群众生活的地方全有政治。的确，如果把政治理解为做好众人的事情，那么，五位党代表无疑都是做好了众人之事的“基层政治家”。他们从基层中来，生活、工作在基层，获得了基层党员群众的高度认可；又到基层中去，成为党代表后，更加注重在联系和服务党员群众中凝聚民心、树立威信，把党员群众团结在党的周围。

近年来，中国共产党大力推进党内民主，许多举措都与基层有关系。党的十七大提出：“推广基层党组织领导班子成员由党员和群众公开推荐与上级党组织推荐相结合的办法，逐步扩大基层党组织领导班子直接选举范围，探索扩大党内基层民主多种实现形式。”十七届四中全会以来，党中央提出扩大基层一线干部选拔链，注重从基层一线培养和选拔优秀干部充实到县、市以上的机关工作；2010 年 9 月，中共中央办公厅《关于党的基层组织实行党务公开的意见》，要求及时公开党组织决议、决定及执行情况，党的思想建设情况，党的组织管理情况，领导班子建设情况，干部选任和管理情况，联系和服务党员、群众情况，党风廉政建设情

党的十七大代表选举工作是一次充分发扬党内民主、走群众路线的成功实践。在各级党组织和广大党员的共同努力下，中央提出的扩大党内民主的各项措施和要求，都得到了切实的贯彻落实，产生了良好的效果。

几项主要措施的落实情况

- 各选举单位召开党代表大会或党代表会议选举十七大代表时，差额比例一般都超过了 15%，比十六大时增加了 5 个百分点，扩大了选举人的选择范围，有利于好中选优。
- 县（市）、市（地）两级党委上报的代表候选人推荐人选，均由过去的常委会讨论决定改为由常委会提名、全委会讨论决定，扩大了代表候选人初步人选推荐环节的民主，有利于更好地反映各级党组织和党员的意愿。
- 各选举单位均对代表候选人初步人选在本选举单位范围内以适当方式进行了公示，更加广泛地听取党员群众的意见，接受党员群众的监督。
- 省区市在召开全委会确定代表候选人预备人选之前，普遍向省级民主党派、工商联和无党派人士作了通报并听取意见。党外同志反映，这种做法在以前是没有过的，充分体现了中国共产党的胸怀和诚意，展示了中国共产党自信成熟的形象。

党的十七大代表选举工作在扩大党内民主方面几项主要措施的落实情况

况等应当公开的内容，等等。回顾近年来中央对基层选举、干部工作民主、党务公开等领域的重视，可以近距离观察到全党更加重视基层民主、基层人才培养的党内民主大战略。从最新公布的党的十八大代表相关数据上看，其结构比例的变化体现了党代表选举更加重视向基层和一线倾斜的趋势。各选举单位基本达到了中央提出的“党员领导干部所占比例一般不超过 68%，生产和工作一线党员一般不超过 32%”的要求。工人党员代表在各省（区、市）所占比例一般都达到了本省（区、市）代表总数的 10%，农民工党员代表数额大幅增加，多数省（区、市）都有一名农民工代表。此外，20 万名大学生村官首次有了党代表，许多省（区、市）都有大学生村官当选党的十八大代表。这些来自基层的“草根”脚印即将踏上党的十八大党代会会场的红地毯，他们有石磊[1]、王志霞[2]、闫文静……越来越多的基层党代表汇聚在一起，必将大大增加党内民主的分量，丰富其内涵。这些一块块坚实的奠基石，共同垒起了日益稳固的党内民主的大厦。

“我们共产党人——上海市基层党组织、党代表风采录”图片展开幕，两位参观者走过党代表“风采榜”

① 石磊：2008 年毕业于清华大学，现任南京市栖霞街道西花村社区党支部书记，2012 年 5 月当选党的十八大代表。

② 王志霞：经历了企业转制，当过下岗工人，如今担任吉林长春市汇通驾校党委书记、校长。2012 年 5 月在吉林省党代会上当选为党的十八大代表。

基础不牢，地动山摇。中国共产党根基的稳固，必须能够赢得最广大人民群众的支持和认同，这很大程度上取决于能不能造就一大批来自基层、熟悉基层、能够引领和凝聚广大党员群众一道朝着共同目标前行的“基层政治家”。值得欣慰的是，我们从基层党代表的履职故事中得到了“基层政治家”成长规律的一点启示：“基层政治家”的形成，必须仰仗于基层这一培养政治才干的大学校，必须依靠党内民主这一提升政治历练的大舞台。

我们期待，在可以预见的将来，随着中国共产党党内民主的不断发展，基层党代表的比例将越来越高，越来越多经历过基层和工作一线锤炼的“基层政治家”将不断涌现、不断成熟，从而形成一支能够团结和带领广大人民群众建设中国特色社会主义事业、实现中华民族伟大复兴历史任务的综合型人才队伍。他们不仅是当代中国民主政治建设的生力军，也是社会主义现代化建设的顶梁柱。

履职故事：走近党代表

结　语

发展党内民主是一个不可逆转的历史趋势，而党代表是实现党内民主的“桥梁”。五位党代表的履职故事，仅展现了党内民主生动实践的一个侧面，恰如长江水中的一朵浪花。而千万朵浪花汇聚在一起，必将共同推进党内民主大潮继续稳步向前。

社会主义愈发展，民主也愈发展。在发展中国特色社会主义的历史进程中，中国共产党人和中国人民一定能够不断发展具有强大生命力的社会主义民主政治。

——摘自党的十七大报告

目前，中国共产党有超过8200万的党员，400多万个基层组织，每一个基层组织按党员数的多少又可以分为党支部、党总支、党委等形式。在每一个基层支部中，按照党章的规定，每一位党员都有直接参与党内事务的权利，基层党组织的书记还可以由党员直接选举产生，这是一种直接民主的模式；在地方和中央党组织中，需要党代表这个“桥梁”来行使和保障党员权利，这是一种间接民主形式。二者互相配合，构成了一幅中国共产党党内民主的全景图。

五位党代表都来自基层，他们把基层党员的声音和基层老百姓的诉求带到了地方和中央组织，让党的中上层干部有更多的机会了解基层，了解真实的中国。地方和中央的党组织把党代表的建议、反映的社情民意直接融会于党的政策之中，又用这样的政策去指导基层工作。从理论上讲，这是一种理想的权力授予图谱，也是一种理想的责任制流程图。从这个角度讲，党代表是党员的代表，就是普通群众的“代议士”。

然而，现实总比逻辑复杂得多，实践总比理论具体得多。五位党代表的履职故事还告诉我们，中国共产党党内民主仍有巨大的实践空间。五位党代表出身于基层，其民主技术和民主素养有一个学习、训练和提高的过程；同时，基层的普通党员群众的民主素养也需要得到提高，只有两方面的民主素养得到共同提高，党内民主才能达到较为理想的效果。

中国的老百姓有他们独特的社会心理，几千年来以农民为主体所衍生出来的“熟人社会”规则以及以家庭为载体所形成的“差序格局”的伦理标准，使许多人看重血缘、地缘、亲缘等情感性的人际联接，形成了以个人好恶为标准的价值判断，而忽略以法律和制度为人际联结，忽视社会公益与公共价值。当一个社会的人群关心自己甚于关心社会与公共利益的时候，民主要扎下根就非常困难；当人们一旦有困难首先想到找“熟人”解决问题，而不是反思自己的责任或立足于“契约规则”，法治就难以生根，即使有了法律也难有法治。几千年来，中国基层社会所形成的农业社会规则几乎没有改变，但是在改革开放短短30多年里，随着以工业化、信息化、城镇化、市场化、国际化为标志的新一波现代化运动的兴起，以契约精神为核心价值的“陌生人社会”的规则逐渐在中国大陆生根发芽。它的成长必将是一个漫长的过程，但却是建立并完善中国社会主义民主政治须臾不可离的基石。中国共产党强调“五湖四海”，强调党员的主体意识，强调党内团结，因而在这样一个群体中产生的党内民主实践必将会逐步带动人民民主实践，培育的党内民主理念必将会逐步引领人民民主理念，构建的党内民主模式必将会逐步示范人民民主模式，最终实现社会主义民主政治的不断完善。

五位党代表作为党活跃在基层的先进分子，他们有服务党员群众的义务。在基层联系群众、服务群众、汇集民意，但也几乎都有各自的烦恼，这反映了服务群众之不易：服务基层党员群众，以前的十件事都办得很好，如果接下来有一件事情没办好，群众就会有意见，甚至是把前十件的功劳都给否定了。这是当前中国基层社会的现实，在一个基层社会管理科学化水平仍待提高的时期，服务群众还主要是靠个人能力、个人资源，要做到全“顺”民意，不可能，也不可行，党代表们只能依靠自己的奉献精神去感动群众，最后达到“教育群众”的效果。这样的现实，让基层党代表深深感受到，要当普通党员群众的代表，既要看他们在党员群众中的得票数，又希望上级党组织能真正了解他们缘何得到这些选票。

五位党代表中，有的是初次当上代表，正在不断提高自己的履职能力，有的已经担任过几届党代表，具有较高的履职水平。但几乎所有代表都表现出强烈的履职愿望，并对进一步扩大党内民主抱有更高期望，如：党代表选举的竞争性能否更强一些；党代表的代表性能否更广一些，如在地方和中央的党代会代表中，来自生产和工作一线的党代表比例应进一步提高；党代表的履职应有完善的制度和组织保障；党代表的调研权、提议权、提案权、评议权、列席权、询问权、质询权如何进一步完善；党代表如何加大对全委会委员、纪律检查委员会委员和常委会工作的评议，评议的结果如何使用；如何把党代表对“两委”委员的评议结果变成对他们的考核依据；如何进一步加强对党代表的培训锻炼；如何加强对党代表的考核评价……这些都是这些基层党代表的心愿，作为采访者兼本书的作者，我没有理由不把他们的心愿表达出来。值得欣慰的是，这些心愿最近几年已经引起中央和一些地方党委的高度重视，许多地方已经在着手对上述领域的党内民主进行探索与实践。

发展中国共产党党内民主是一个不可逆转的历史大趋势。正如五位党代表一样，那些有着不同经历，来自不同工作岗位、领域的党代表们，代表着社会各个阶层的声音，他们的声音终将被党的决策层所取舍、采纳，最后变成党的政策，再由党的代表和各级干部把这些政策宣传和执行到党员群众中去，这个过程是“从群众中来，到群众中去”的过程，这是党内民主的目的，也是党内民主的动力。正因为此，党内民主只能前进，不能退后。

五位党代表在本书的故事暂时讲完了，但对于一个任期来说，他们履职经历才刚刚开始。同理，对于中国共产党党内民主发展的整体进程来讲，他们的故事就如同民主之路上的“脚印”，走的人多了，就变成了大道；如同黄河水中的一湍激流，长江水中的一朵浪花，当千万朵浪花汇聚在一起，必将推动党内民主的大潮不断前行。

50年前，毛泽东在中央工作扩大会议上的讲话中指出，要造成“又有集中又有民主，又有纪律又有自由，又有统一意志、又有个人心情舒畅、生动活泼，那样一种政治局面。以利于社会主义革命和社会主义建设，较易于克服困难，较快地建设我国的现代工业和现代农业，党

相关链接

十七大以来党的组织制度和党内民主建设新进展

党的代表大会制度建设迈出新步伐

- 落实党代表大会代表任期制
- 开展党代表大会常任制试行试点工作
- 认真做好代表推选工作

党内选举制度改革取得新成效

- 改进候选人提名方式
- 丰富候选人介绍方式
- 改进选举办法

党内权力运行机制得到新规范

- 完善集体领导与个人分工负责相结合的制度
- 实行地方党委常委会向全委会报告工作并接受监督制度
- 推行地方党委讨论决定重大问题和任用重要干部票决制

党员主体地位有了新提升

- 大力推进基层党务公开
- 积极推进基层民主议事决策
- 拓展党内基层民主监督渠道

几位党的十七大代表在人民大会堂前欢呼

和国家较为巩固，较为能够经受风险……党内党外都应当有这样的政治局面。没有这样的政治局面，群众的积极性是不可能发动起来的。克服困难，没有民主不行。当然没有集中更不行，但是，没有民主就没有集中。”让我们热切地期盼那样一个党内民主的局面，有了这个局面，中国共产党就可以信心百倍地领导全国各族人民推进现代化建设，调动党内外、国内外一切积极力量，扫除前进道路上各种来自外部与内部的压力和障碍，大踏步迎接实现中国特色社会主义事业伟大胜利的曙光！

参考文献

1.《毛泽东选集》(第 1—4 卷)，人民出版社 1991 年版。

2.《邓小平文选》(第 1、2 卷)，人民出版社 1994 年版。

3.《邓小平文选》(第 3 卷)，人民出版社 1993 年版。

4.《江泽民文选》(第 1—3 卷)，人民出版社 2006 年版。

5. 中共中央文献研究室编 :《十六大以来重要文献选编》(上)，中央文献出版社 2005 年版。

6. 中共中央文献研究室编 :《十六大以来重要文献选编》(中)，中央文献出版社 2006 年版。

7. 中共中央文献研究室编 :《十六大以来重要文献选编》(下)，中央文献出版社 2008 年版。

8. 中共中央文献研究室编 :《十七大以来重要文献选编》(上)，中央文献出版社 2009 年版。

9. 中共中央文献研究室编 :《十七大以来重要文献选编》(中)，中央文献出版社 2011 年版。

10.《中国共产党章程汇编》编写组编 :《中国共产党章程汇编 : 从一大到十七大》，中共党史出版社 2007 年版。

11. 中共中央组织部、中共中央宣传部、中共中央编译局编 :《马列主义经典著作选编 : 党员干部读本》，党建读物出版社 2011 年版。

12. 中共中央组织部党建研究所课题组编著 :《加强和改进党的地方代表大会和委员会制度建设问题研究》，党建读物出版社 2011 年版。

13. 中共中央组织部党建研究所编:《国外政党专题研究报告》(第四卷)《国外一些政党党内民主建设研究》，党建读物出版社 2010 年版。

14. 费孝通：《乡土中国　生育制度》，北京大学出版社 1998 年版。

15. 龚小夏：《亲历民主：我在美国竞选议员》，复旦大学出版社 2011 年版。

16. 何怀宏：《选举社会——秦汉至晚清社会形态研究》，北京大学出版社 2011 年版。

17. 康绍邦主编：《政治名言录》，河北人民出版社 1997 年版。

18. 李道揆：《美国政府和美国政治》，商务印书馆 1999 年版。

19. 李颖：《党代会现场：99 个历史深处的细节》，党建读物出版社 2012 年版。

20. 李凤梧主编：《中国历代治吏通观》（第二卷）《选举篇·任用篇》，山东人民出版社 2010 年版。

21. 林尚立：《党内民主：中国共产党的理论与实践》，上海社会科学院出版社 2002 年版。

22. 刘宋斌：《激荡岁月》，人民出版社 2009 年版。

23. 吕增奎主编：《执政的转型：海外学者论中国共产党的建设》，中央编译出版社 2011 年版。

24. 吕增奎主编：《民主的长征：海外学者论中国政治发展》，中央编译出版社 2011 年版。

25. 邱家军：《代表谁？——选民与代表》，复旦大学出版社 2010 年版。

26. 王长江主编：《党内民主制度创新：一个基层党委班子"公推直选"的案例研究》，中央编译出版社 2007 年版。

27. 王浦劬主编：《选举的理论与制度》，高等教育出版社 2006 年版。

28. 王勇兵：《党内民主的制度创新与路径选择：基于基层和地方党内民主试点的实证研究》，中央编译出版社 2010 年版。

29. 谢春涛主编：《历史的轨迹：中国共产党为什么能？》，新世界出版社 2011 年版。

30. 应奇编：《代表理论与代议民主》，吉林出版集团有限责任公司 2008 年版。

31. 俞可平：《民主与陀螺》，北京大学出版社 2006 年版。

32. 于洪君主编：《当代世界政党文献》，党建读物出版社 2012 年版。

33. 郑科扬主编:《中国共产党党内民主研究》，党建读物出版社 2009 年版。

34. 祝灵君、李正奎 :《小村政事 : 一个基层党支部的实例》，中共中央党校出版社 2009 年版。

35. 祝灵君、齐大辉 :《新形势下做好群众工作的艺术与方法创新》，中共中央党校出版社 2011 年版。

36. 祝灵君、齐大辉 :《群众工作手册》，中共中央党校出版社 2012 年版。

37. 朱光磊 :《以权力制约权力》，四川人民出版社 1987 年版。

38. [美] 安东尼·奥罗姆:《政治社会学——主体政治的社会剖析》,张华青、孙嘉明等译，倪世雄校，上海人民出版社 1989 年版。

39. [美] 白修德、贾安娜:《中国的惊雷》，瑞纳译，新华出版社 1988 年版。

40. [美] 杰克 · 贝尔登 :《中国震撼世界》，邱应觉等译，邱应觉校，北京出版社 1980 年版。

41. [美] 罗伯特 · A. 达尔 :《论民主》，李风华译，中国人民大学出版社 2012 年版。

42. [美] 马修斯 :《硬球 : 政治是这样玩的》，林猛、吴群芳译，新华出版社 2009 年版。

43. [美] 乔万尼 · 萨托利 :《民主新论》，冯克利、阎克文译，上海人民出版社 2009 年版。

44. [美]塞缪尔·P. 亨廷顿:《变化社会中的政治秩序》,王冠华等译,生活·读书 · 新知三联书店 1989 年版。

45. [美] 威廉 · 韩丁 :《翻身——中国一个村庄的革命纪实》，韩倞等译，邱应觉校，北京出版社 1980 年版。

46. [英] 安德鲁 · 海伍德 :《政治学核心概念》，吴勇译，天津人民出版社 2008 年版。

47. [英] 戴维 · 赫尔德 :《民主的模式》，燕继荣等译，王浦劬校，中央编译出版社 1998 年版。

后　记

书稿基本写完了，停下敲击键盘的双手，思绪久久难平。眼前依然浮现出五位党代表的音容笑貌，他们的故事像纪录片一样在我头脑中一遍遍重复播放。

这本书的完成，不全是个人的力量，首先要感谢中央组织部领导的关心与支持，其次要归功于一个团队。在中央组织部组织一局与党建读物出版社的直接关心和支持下，我们对党代表进行了现场采访，获得了大量一手资料，同时也根据需要进行电话追踪采访，补充所需材料。采访中，我们准备的问题包括共性和个性两部分，从共性中挖掘他们作为党代表相同的故事，从个性中寻找他们独特的履职与人生经历。为了做好采访，我们的工作团队几乎夜以继日，尽可能在轻松的氛围中与党代表谈心、聊天，获取了大量生活化、原汁原味的材料。毫无疑问，成功的采访是这本书顺利完成的基础。

五位党代表来自祖国的“东西南北中”，在采访中纷纷吐露心声，既有当选的喜悦，也有履职的压力和成就感，他们讲述了基层许多鲜活的故事，让我在采访期间每时每刻都受到心灵的触动与震撼。他们既有华丽、精彩的一面，也有朴实、平凡的一面，正是这种精彩与平凡的组合，使他们的履职故事显得更真切、更真实。作为一名党建研究人员，请允许我热情讴歌他们的奋斗与努力；对他们在采访中给我的极大支持与配合，请允许我向他们表示衷心感谢。

初稿完成后，一些领导和专家在百忙之中抽出时间进行了认真审读，给我提出了许多宝贵的建议，让我获益良多，在此深表谢忱。

此外，要感谢中央组织部组织一局、中央宣传部出版局以及青海省委组织部、浙江省委组织部、湖南省委组织部、黑龙江省委组织部、广东省委组织部及有关领导和同志，在他们的支持与帮助下，我们对五位党代表的采访才得以顺利完成，同时也要感谢采访中的两位口译员和两位速记员。

这本书能与读者见面，还要郑重感谢党建读物出版社的王占生社长、王英利总编辑，他们自始至终对本书抱以极高的热情，没有他们的鼓励和支持，该书的及时面世是难以想象的。同时也要感谢党建读物出版社二编室的陈蔡志主任、郭涛编辑、陈文龙编辑等，在他们的直接协助下，本书无论是写作还是出版都大大加快了进度。

在完成书稿的过程中，许多朋友参与了文献收集和整理。他们是来自中南财经政法大学公共管理学院的孔凡义副教授、中央民族大学马克思主义学院的颜杰峰副教授、中国社会科学院办公厅研究室的姜卫平博士、北京大学政府管理学院的博士生张博、中央党校党建专业硕士生张明明等。其中，孔凡义完成了第二章的初稿，张博完成了第四章的初稿，张明明协助做好采访记录、收集和核对文献、矫正错别字、整理插图等工作。在本书即将出版之际，让我们一起祝愿党的十八大胜利召开！

作　者

2012 年 9 月

图书在版编目(CIP)数据

履职故事:走近党代表/祝灵君等著.—北京:
党建读物出版社,2012.10(2014.9 重印)
ISBN 978-7-5099-0377-3

Ⅰ.①履… Ⅱ.①祝… Ⅲ.①中国共产党—基层组织—党内民主—学习参考资料 Ⅳ.①D267

中国版本图书馆 CIP 数据核字(2012)第 235301 号

履职故事
LÜZHI GUSHI
——走近党代表
祝灵君 等著

责任编辑:陈蔡志 **责任校对:**张学民 **装帧设计:**创造力

党建读物出版社出版发行
http://www.djcb71.com
(北京市西城区南横东街 6 号 邮编:100052 电话:010-58587631/7681)
新华书店经销 北京尚唐印刷包装有限公司印刷

710 毫米×1000 毫米 16 开本 9 印张 134 千字
2012 年 10 月第 1 版 2014 年 9 月第 5 次印刷
印数:28001—30000

ISBN 978-7-5099-0377-3 定价:25.00 元